〈超・多国籍学校〉は今日もにぎやか！

──多文化共生って何だろう

菊池 聡

ア新書 886

目 次

1 横浜市立飯田北いちょう小学校 1
減り続ける児童の数／県営いちょう団地／さまざまな文化的背景を持つ子どもたち／家では二つ以上の言語で会話／多文化共生教育は必要不可欠

2 何をどのように？ 13
特色ある教育

3 多文化共生の学校づくり 35
母国の文化を大切にする環境をつくる／子どもたちが大切にす

る多文化共生／通訳者の協力／入学式と卒業式／運動会／多言語による「コミュニケーション・ボード」／不安や不満の声も／多文化共生は誰のため？

4 国際教室ってどんなところ？……57
国際教室の役割／ことばを育む支援／母語による生活適応支援・教科補習／そのほかの多文化的な支援
コラム いちょう小学校に「菊池あり」 横溝 亮

5 新たな課題……77
親子のコミュニケーション・ギャップ／〈中間人〉になりたい!?／母語で読み書きできる力／ことばとアイデンティティ
コラム 心からわかり合おうという気持ちが一番大事 K・M

6 ブラジルの教育に学ぶ ……… 101
初めての「難民選手団」／マナウスの小学校／日本からブラジルに渡った移民たち／「移民」を理解する授業

7 アメリカの教育から学ぶ ……… 115
バイリンガルを育成できる環境／日本語イマージョン・プログラム／話型と語彙の支援／「社会のお荷物」から「国の資源」へ／継承語教育／日本では／母語を活用した学習プログラムを／さまざまな言語を選択できる環境
コラム　通訳者の役割　ファン・ティ・タン・ジム

8 多文化共生を盛り込んだ学習づくり ……… 145
スピーチコンテスト／子どもたちのスピーチ

9 めざせ！　多文化教員……167
急速に進む人口減少／支援の転換を／シンガポールでは／まだ大きな壁が／日本語保持の取り組みを参考に

10 新しい社会は、目の前に……181
多様性の時代へ

あとがき……187

1

横浜市立
飯田北いちょう小学校

● 減り続ける児童の数

神奈川県横浜市泉区に「飯田北いちょう小学校」という公立小学校があります。少子高齢化にともなって児童数が減少したことにより、「飯田北小学校」と「いちょう小学校」が統合され、二〇一四(平成二六)年四月に開校した新しい学校です。私は、この飯田北いちょう小学校で、国際教室担当の教員として子どもたちの教育に長く携わってきました。

かつては両校合わせて約三〇〇〇人の児童が在籍していました。けれども、現在は児童数わずか二七五名(二〇一七年度)です。統合した二〇一四年は三三六名でしたが、その時と比べても年々児童数が減少する傾向が強まっていて、現在は一学年二学級ですが、数年後には一学年一学級になることも予想されています。

一九七九（昭和五四）年に開校した旧飯田北小学校には、この地域に以前から住んでいて祖父母・父母・自分と三代にわたって通ってくる子や、県営いちょう団地（後述）から通ってくる子、そして新しくできた住宅やマンション、アパートから通ってくる子が在籍していました。

学区には農耕地が広がり、これ以上住宅が増えることのない環境だったこともあり、少子化の影響を受けて児童の数が減少し、統合前の二〇一三（平成二五）年には、各学年が単級（一学級）で児童数は一六八名となりました。

また、学区の一部に県営いちょう団地を抱えていたこともあって、五〇名程度（全校児童の約三〇パーセント）の「外国に関係のある児童」が在籍していました（二〇一三年度）。「外国に関係のある児童」とは、「外国籍児童」や、子どもは日本国籍で親が外国籍であるなど「外国につながる日本国籍児童」の総称です。

一方、旧飯田北小学校のあった場所から約五〇〇メートルほど離れた、横浜市と大和《やまと》市との市境にあった旧いちょう小学校は、かつては田園風景が広がる農村地帯だった場所に、一九七一(昭和四六)年に県営団地が建設されて急激に人口が増加したため、一九七三(昭和四八)年に開校した学校です。この小学校は、全ての学区を県営いちょう団地としていました。

県営いちょう団地には一九九五(平成七)年頃から外国籍の住民が増え始めました。それにともなって外国籍の児童も増え、最も多い時には、いちょう小学校の全校児童の約七六パーセント(二〇一三年度)を占めるほどの「外国に関係のある児童」が在籍する学校となりました。

一九九六(平成六)年に公営住宅法が高齢者や単親家庭などの住民にとって入居しやすい基準に改正されたことも影響して、子どものいる家庭が団地から徐々に減っていきました。さらに少子高齢化の影響を受けて児童の数は減少し、旧いちょう小学校は統合前の二〇一三年には、旧飯田北小学校と同様に、各学年が単級となり児童数は一六八名となりました。

●県営いちょう団地

この地域に、外国に関係のある住民が集住するようになったのは、隣接《りんせつ》する大和市に「インドシナ難民定住促進センター」が設置されていたことに起因《きいん》しています。

一九八〇(昭和五五)年に設置されたインドシナ難民定住促進センターには、一九九八(平成一〇)年に閉所されるまでの一八年間で、ベトナム、ラオス、カンボジアからのインドシナ難民約三〇〇〇人が一時収容されていました。

難民の人たちは、ここで一定期間の日本語教育や生活ガイダンス、職業訓練などを受け、それが終了した人々の多くは、近郊にある自動車関連の中小企業などに就職しました。

そして、その多くが近隣の県営いちょう団地に入居したことを受けて、団地内に多くの外国に関係のある住民が集住するようになったのです。

1-1　さまざまな国のレストランが並ぶ

近年は、その呼び寄せ家族に加え、中国帰国者(日本に永住帰国した中国残留邦人)家族なども入居するようになり、全国でも有数の多国籍団地が形成されることになりました。

さまざまな文化的背景を持つ子どもたち

飯田北小学校といちょう小学校が統合した後、飯田北いちょう小学校は、二〇一七(平成二九)年一二月現在で、外国籍児童は一二〇名(約四四パーセント)、外国につながる日本国籍児童は二八名(約一〇パーセント)で合計一四八名、全校児童の約五四パーセントが外国に関係のある児童です。

在籍している児童の多くは、インドシナ難民のベトナム、カンボジア、ラオスから来日した家族、中国帰国者の呼び寄せ家族の子どもたちで、そのほかに、タイ、フィリピン、ブラジルなど、日本も含めてさまざまな国の言語文化を背景とする児童が学んでいます。

1-2 さまざまな言語で書かれた表示

子どもたちの約九〇パーセントが日本生まれ、あるいは幼少期に来日した子どもたちです。彼らは就学前の教育も日本で受けているために、日常会話程度の日本語には不自由がないようにみえます。一方、母国で教育を受けた後に途中編入してくる子どもたちも、例年一五パーセント程度(一〇～一五名前後)います。

●家では二つ以上の言語で会話

外国に関係のある児童一四八名のうち、家庭の中での会話言語が日本語だけという児童は三六名(二四・三パーセント)にすぎません。それ以外は、母語で会話するという児童が四三名(二九・一パーセント)、母語と日本語のダブルで会話するという児童が六八名(四五・九パーセント)います。さらに、両親の国籍が異なる場合、それぞれの親の母語と日本語で会話するというようなトリプルが一名(〇・七パーセント)です。

このように、家庭内で使用する言語が日本語のみという家庭は少なく、二言語または三言語を使用して生活している児童がほとんどです。

したがって、日常生活の中の会話では日本語に困ることはほとんどありませんが、その一方で、学校での教科学習では日本語の語彙《ごい》力が不十分な傾向があり、ことばを関連づけたり、イメージ化したり、複雑な構造の文や文章を理解したりする力が弱いために、授業が十分に理解できず、学力面に影響がみられる児童が多くいます。

一般的に、抽象的な学習内容が多くなる小学校高学年になるにつれて、その影響が顕著に現れてくる傾向がみられます。つまり「〈生活言語能力〉はあるが〈学習言語能力〉が不十分である」(〈生活言語能力〉〈学習言語能力〉とは、バイリンガル研究の第一人者ジム・カミンズによるバイリンガルの子どもの言語能力モデルであるＢＩＣＳ(Basic Interpersonal Communicative Skills)とＣＡＬＰ(Cognitive Academic Language Proficiency)の訳語として広く使われている用語)と言われる子どもたちなのです。

●多文化共生教育は必要不可欠

このような地域環境や子どもたちの実態を受けて、「だれもが安心して豊かに生活できる学校」(二〇〇一年横浜市教育委員会教育長通知)という目標を達成するためには、さまざまな場面で「違いを認め合い、共に生活できる」ための「多文化共生教育」が必要不可欠となっているのです。

飯田北いちょう小学校では、「心つながり　笑顔ひろがり　世界へはばたく」という学校教育目標を掲げて、さまざまな場面で多文化共生に触れて考えることができるように、国際教室担当が中心となり、全教職員、全児童、保護者、そして地域が一体となって取り組んでいます。

2
何をどのように？

● 特色ある教育

この「心つながり　笑顔ひろがり　世界へはばたく」という目標を達成するために、多文化共生の視点を大切にして、子どもたちに何をどのように教えるか、どのような授業をおこなうのか、地域とどのように連携《れんけい》するか、などのさまざまな面で工夫をしています。

飯田北いちょう小学校では、どのような取り組みをおこなっているのか、具体的にご紹介しましょう。

(1)どのように教えるか

① 多文化共生を基本にした環境づくり

飯田北いちょう小学校の目標である「児童一人ひとりが安心して通える学校」とは、

「日本人を含め全ての子が安心して通える学校」です。そのため、互いの文化や習慣、宗教等を尊重し合える学校の環境づくりを目指しています。

たとえば、開校当時から昇降口や職員玄関などに、「Xin Chào」（ベトナム語で「おはようございます」）、「再见」（中国語で「さようなら」）など、複数の言語による挨拶《あいさつ》のことばを大きく書いて掲示しています。また、二階のフロアに「みんなの国の紹介」と題して、各国の民族衣装や日常生活用品、民芸品などの展示コーナーを設けたりしています。

子どもたちは、毎日、学校の行き帰りにこの掲示を目にしますから、さまざまな国の挨拶のことばを自然に覚えることができます。これによって、子どもたちはもちろん、保護者や来校者の方々に対しても「一人ひとりの母語・母文化を認め、大切にしている」というメッセージを発信しているのです。

また、後ほどくわしく紹介しますが、入学式や卒業式、運動会などの学校の大きな行事の時には、多言語によるアナウンスや掲示・表示をしています。このように、多文化的な環境づくりに積極的に取り組むことを通して、多文化共生の学校づくりを進めています。

2－1　複数の言語で挨拶のことばが書かれた昇降口

②少人数学級で細やかに

一人ひとりのさまざまな課題に寄り添った、細やかな支援をおこなうために、国語科と算数科の学習は、原則として、学習進度や日本語の習熟度別に複数のクラスに分けて授業をおこなう少人数学習を徹底しています。少人数学習は、子どもの学習環境や学習内容に合わせておこない、人数は二人から一〇人程度と、柔軟に調整しています。つまり「日本語で学習はできるが個別の学習支援が必要」という子どもや「日本語の補習と個別の学習支援も必要」という子どもに対して少人数で学習支援をしています。

この少人数学習は、各学年ごとの二学級と国際教室の間に位置づけられており、国語科と算数科の毎日の学習を、全ての学年で国語科を五つに(国際教室を含む)、算数科を四つ(国際教室は含まない)に分けて学習します。担当する教員は、各学年ブロック(一~二年生、三~四年生、五~六年生)に一~二名の少人数指導担当、そして三名の日本語支援を担当する非常勤講師を配置しています。

それぞれの子どもの学習する学級を決めるさいには、学習を始める前の既習知識の確認テスト（プレテスト）の到達度を基準としたり、話し合い活動を中心とした学習課題などの場合は、日本語力にかかわらず、児童をバラバラのグループに分けたりしています。機械的に課題別に少人数化してしまうと、特に話し合い活動の場合、日本語力に課題がある子どもだけでは、ことばによる話し合いができないので、どのグループにも日本語力の高い子から日本語の支援が必要な子までさまざまな子どもがいるようにし、助け合いながら参加できるよう配慮《はいりょ》しています。

時には少人数学級に分けずに二つの学級のまま、それぞれの学級を二〜三名の教員で担当し、授業をおこなうこともあります。このようにして、子どもの学力や日本語力、発達段階を考慮《こうりょ》した少人数学習を展開しています。

また、きめ細かい少人数学習をおこなうためには、時間割の調整にあたって工夫が必要です。

一般的な学校では、年度の始めに各学級担任が、特別教室の使用割り当てなどに沿って時間割(日課表)を作成することが多いようですが、少人数での学習体制を整えるためには、各学年の学級で時間割ができてからでは調整が難しくなってしまいます。そこで、あらかじめ低学年、中学年、高学年それぞれの少人数指導に関わる担当教員を明確にし(国際教室は、一~三年生と四~六年生に分けて、それぞれの学年の国語科に関わっている)、特別教室の使用割り当てと各学年学級の国語科と算数科の時間、少人数指導担当の教員、国際教室担当の教員との関わりを考慮し調整して時間割を作成します。それを四月一日に配布しているのです。

以上のような支援体制をつくることによって、子どもたち一人ひとりの課題に寄り添った細やかな少人数学習が毎日おこなえるようになるのです。

(2)地域と連携する

①幼稚園や保育園、小学校、中学校、高等学校と

飯田北いちょう小学校は「上飯田中学校区」にあります。この校区には、飯田北いちょう小学校、上飯田小学校、上飯田中学校という三つの小中学校があります。

横浜市が人権教育を推進するために、横浜市泉区にある上飯田地区の小中学校三校を人権教育推進地域校「泉ブロック」（ほかに四ブロックあり）として指定し、この泉ブロックでは、外国人児童生徒教育の視点から人権教育を推進しています。そして、小学校六年間と中学校三年間の九年間の学びを、これらの小学校と中学校が連携して支えているのです。

二〇〇五（平成一七）～二〇〇七（平成一九）年度の三年間は、文部科学省から「人権教育総合推進地域事業」の指定を受け、四校（統合前なので四校でした）で連携して多文化共生教育事業に取り組んできました。それぞれの小中学校において、人権教育の実践を充実させるとともに、四校の子どもたちの交流会を開催したり、授業交換をしたり、教職員たちが先進地域校の視察をおこなったりしました。そして、最終年度にリーフレットを作成して、全校に向けて発信したりしてきました。

　また、飯田北いちょう小学校に進学する園児がいる幼稚園や保育園、または本地域の卒業生が進学する高等学校（全日制・定時制・通信制）などとの情報交換も積極的におこなっています。このようにして小学校、中学校に限らず、より長いスパンで継続して支援をする体制ができあがっています。

②地域ボランティア、大学等との協働

　多様な家庭環境に育つ子ども一人ひとりを、より多くの大人の目で見守るとともに、保護者および地域の方々と協働することは、子どもが安心して豊かに生活することのできる環境をつくるうえでは、極めて重要になります。

　日本語によるコミュニケーションが十分にとれないことによって生じる課題などに対応するために、ベトナム語や中国語、カンボジア語などの通訳者や、日本語教育等を専攻している大学生、地域ボランティアなどの学習支援者を積極的に受け入れ、一人ひとりの課題に寄り添った支援を展開しています。

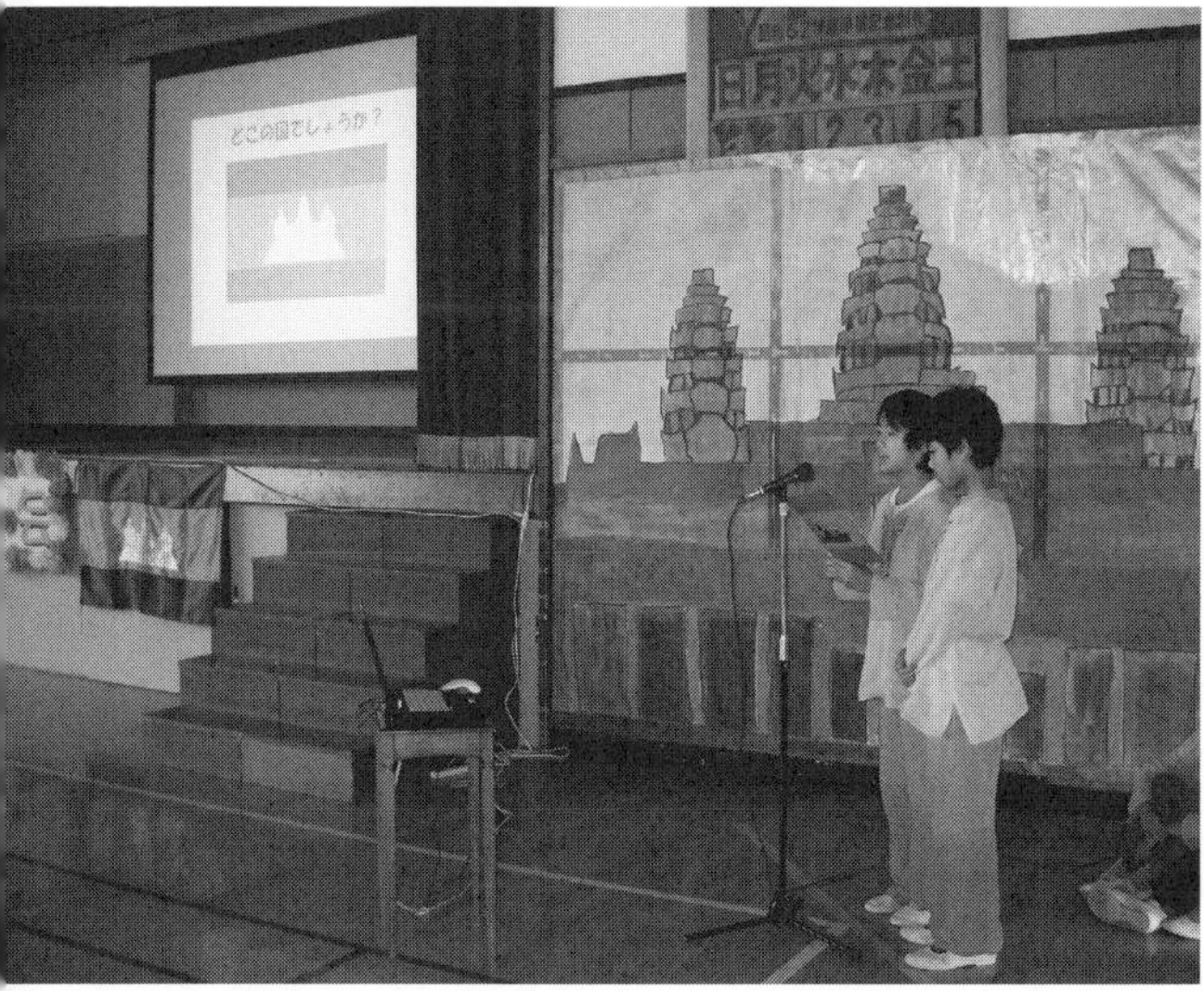

2-2 児童・生徒交流会

また、県営いちょう団地には「多文化まちづくり工房」というボランティア団体があります。幅ひろい活動をしているこのボランティア団体と協働して、二〇〇四(平成一六)年度より「放課後学習教室」を、毎週火・金曜日の下校後、一五時三〇分から一八時まで開催しています。この学習教室では、ボランティアのスタッフが子どもたちに勉強を教え、学校での学習の理解を深めるためのサポートをしています。

そのほかにも、夏休みの間におこなわれる「サマースクール」にも多くの大学生やボランティアの方々に参加してもらい、児童の学びを支援していただいています。

夏休みの始めの三日間では、夏休み中の宿題の仕方を学び、習慣化させることを目的とした学習サポートをします。そのほかに、プールで水泳学習もおこなっています。

また、夏休みの最後の二日間は、夏休み中にできなかった宿題をおこなうだけでなく、すぐに始まる休み明けの学校生活のために、規則正しい生活習慣を整えるということを目標にしています。

夏休みの後半のほうが、日程的に多くの大学生の支援が期待できることから、前半は学

2-3　サマースクール

年でまとまって国語や算数を中心とした宿題をおこない、後半は読書感想文や絵、ポスター作製など、一人ひとりの課題に合わせて、個別に支援をしています。

ここ数年は大学生だけでなく、多文化共生教育や日本語教育関連について学んでいる高校生が参加してくれています。

(3)多文化教育のための授業を研究

①教科と日本語の統合学習(校内研究)

前章でも書いたように、外国に関係のある児童の中には、日常生活では不自由なく日本語で会話することができても、学習の場面になると、学習内容を理解したり、自分の考えや意見を的確に伝えたりすることが苦手な児童が多くみられます。その背景には、多様な言語・文化環境で生活する児童が多いことが考えられます。

日本で生まれたり、幼少期に来日した児童が多いのですが、家庭内で使用する言語が日本語のみという家庭は少なく、二言語または三言語を使用して生活している児童がほとんどです。また、日本国籍の児童の中には学力が高い児童も多く在籍していますが、場に応じた的確な日本語を用いて自分の考えを表現することに困難な児童もみられます。

このような実態から、日本国籍児童を含めて、全ての児童が各教科をきちんと理解し、また理解したことを表現するための言語（学習言語）や日本語力を育《はぐく》むためにはどのような学習が望ましいのか、その学習のあり方について研究することが必要と考え、教科と日本語の統合学習の研究を始めることとなりました。

旧いちょう小学校では、日本語教育が専門で『外国人児童生徒の学びを創る授業実践』などの著書のある東京学芸大学の齋藤ひろみ教授の指導のもと、二〇〇二（平成一四）年度から「ことばを大切にした授業づくり」に取り組んできました。これは、通常の学習の中で、その学習に関わる日本語の習得と表現の獲得《かくとく》などを学校の研究目標に加えた授業づくりの研究です。

さらに二〇〇六(平成一八)年度から二〇一〇(平成二二)年度までの三か年間は、「伝え合う力を育む指導の工夫」と題して授業研究を進めました。各教科の学習内容を、教室の中だけでなく、体験的な活動を通して理解し、それを言語化していくために、理解や表現の手助けとなる支援についての研究を積み重ね、最終年度に全国に向けて授業公開をおこないました。

また、統合して飯田北いちょう小学校となった初年度は「児童の学力と日本語力の実態調査」を研究のテーマにすえました。

全教員で「JSL対話型アセスメントDLA」(以下、DLA測定。JSLとは日本語を母語としない児童生徒Japanese as a Second Language の略。DLAとはDialogic Language Assessment の略で、DLA測定とは日常会話はできるが教科学習に困難を感じている児童生徒を対象に開発された言語能力測定ツール)の理論を学んだり、実技、ワークショップを通して、たとえば「場に応じた説明や話ができる」「順序立てて論理的に話ができる」「年齢相当の語

2-4 校舎の中はさまざまな国のことばがあふれている

彙を使用して話ができる」など、子どもたちの日本語力の現状を把握《はあく》するとともに、課題について共有しました。

そして、二〇一五（平成二七）年度からは、日本人児童を含め、多くの児童が苦手としている算数科の授業で「自力解決を通して理解したことを的確に表現し、算数を学ぶ楽しさや、周りの友達と関わりながら論理的思考を形成する力の育成を図る」ことができるような授業をどのようにおこなうかという研究に取り組んでいます。

まず、学習に入る前に、知識の定着度や日本語の語彙力・表現力を測るためのプレテスト等をおこなって、児童がどの程度授業を理解し、自分の意見をどれくらい表現できるのかを明らかにします。そして、その結果をもとに、少人数での学習形態によって児童一人ひとりの課題に応じた具体的な支援をするというものです。

これらのことから、表現の手助けとなる「話型（会話のパターン）」や「モデル文」を提示することによって、自信を持って自分の意見や考えを表現することができるようになる子どもが多くいることがわかってきました。

たとえばフォーマルな会話でよく使用する、自分の考えを言った後に理由を述べるような場合、「私は〜だと思います。なぜなら〜だからです」や、学習の内容に迫るような場合、「平行四辺形は、（　）の辺が、（　）なので、（　）を使って書きます」（「平行四辺形の書き方（四年）」）のように活用しています。

一方、「話型」や「モデル文」を提示したとしても、その活用の仕方によっては「自分の考えを相手にわかりやすく表現する」ことが単調になってしまったというようなケースもみられました。

さらに、二〇一六（平成二八）年度の研究では「算数的活動を通して、問題を解決したり、判断したり、推論したりする過程において、見通しを持ち筋道を立てて考え、自分の考えを相手にわかりやすく表現する力の育成を図る」ための授業研究、つまり、算数の授業で論理的に考え、それを人に伝えることができるようになるための授業のあり方について研究を重ねました。

児童の日本語能力に応じて教材をつくったり、掲示物を読みやすくしたり、授業展開の工夫をしたりすることによって、理解したことを自信を持って表現できる児童が増えてきたように思います。

そこで、二〇一七(平成二九)年度は、特に「さまざまな表現方法を活用して、自分の考えを相手にわかりやすく表現する」ことに、より視点を当てた教材づくりや授業のあり方についての研究を推進しています。

このように、教員たちは試行錯誤《しこうさくご》を繰り返しながら課題に取り組み、子どもたちにとって少しでもよい授業のあり方を日々研究しています。

また、全国学力・学習状況調査や横浜市学力調査の結果なども考慮しながら、これまでの少人数学習の成果が出ているかどうかを検証し、より効果的な支援のあり方について探っていくことを目的として、さらなる研究に取り組んでいます。

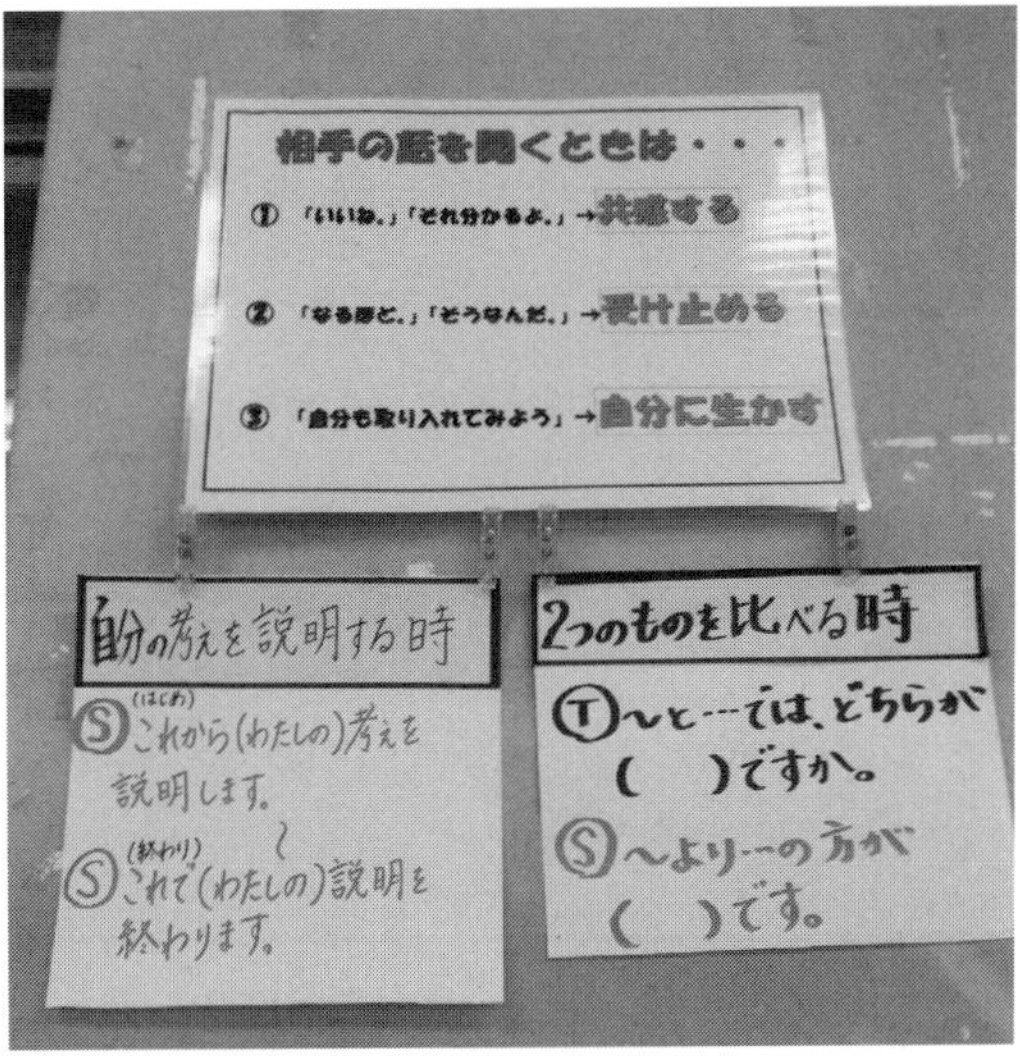

2-5　日本語能力に応じた教材をつくる

3
多文化共生の学校づくり

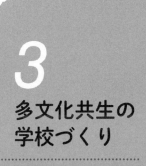

● 母国の文化を大切にする環境をつくる

「日本の学校に入学したら、子どもたちは自分の国のことを忘れてしまうだろうな……」

入学式に参列するために来校した、ある外国に関係のある児童の祖父母が話しているのを耳にしたことがあります。もちろん、保護者の方々は、我が子が日本の学校や日本社会にうまくなじむことができるように望んでいます。けれども、その一方で、それによって母国の文化を忘れてしまうのではないかという不安も抱いています。

私たちは、子どもたちが自分の母国の文化を尊重し、その文化や言語を忘れてしまうことのないようにしたいと考えています。

そのために、たとえば前に紹介したように、子どもたちがつながる国々のことばで「おはようございます」「さようなら」「いっしょに遊ぼう」などと大きく書いた紙を校舎の入り口に掲示したり、一年生の教室付近に、子どもたちに関係のある国々の民族衣装や民芸品、本や雑誌、ボードゲーム、日本の昔の道具類(低学年の生活科にある昔遊びや、国語の昔話などで活用します)を展示したりしています。

学校図書館にも、それぞれの国の言語で書かれた絵本や書籍をできるだけ揃《そろ》えるように努力しています。保護者の方々に寄贈《きぞう》していただいた本や、私がさまざまな国を訪れた時に見つけて買った本などもあります。

学校給食も、宗教上の理由から食べられない食材がある場合は個別に対応しています。

このような学校の様子をみて、学校に来るまではとても心配していたあの祖父母も、「こんなに多くの国の子どもたちが通っているんだね」「私の国のものがきれいに飾られていてうれしかった」などと言って、心から安心している様子でした。

1章で紹介したように、学校教育目標は「心つながり　笑顔ひろがり　世界へはばたく」です。これは、多文化共生の学校づくりを進めるために、地域の人々、保護者、児童、

3－1　各国の民族衣装や民芸品が置かれたコーナー

教職員から、これまで大切にしてきたことや、これから大切にしたいことを挙げてもらい、それをもとにして掲げられた目標です。

そして、校歌も同じようにしてつくられました。校歌には「世界中の誰とでも心つなぐ笑顔育む」という歌詞が盛り込まれています。

多様な文化的背景を持った方々が暮らしていて、地域の人々が互いにことばで通じ合えないという課題も生じています。さまざまな人と人の心が通じ合えるような取り組みを大切にすることで、自然にコミュニケーションが図られ笑顔が広がる……。そのような環境で育った子どもたちに、次世代の「ピースメッセンジャー」として世界中に羽ばたいていってほしい、という大きな意味が、学校の目標や校歌の歌詞に込められているのです。

3-2 さまざまな本が置かれた図書室

●子どもたちが大切にする多文化共生

「多文化共生」という視点は、子どもたちにとって、とても大切なものです。

二〇一七(平成二九)年度の児童会のスローガンを「笑顔あふれる I♡Iの絆《きずな》」とし、「ともだちの国の言葉で挨拶をしよう」という「めあて」を子どもたち自身が決めました。「I♡I」は、「アイアイ」と読みます。飯田北小学校といちょう小学校が統合するさいに、学校の愛称を考えました。たとえば「だちょう」「北ちょう」などが考えられましたが、どれも印象が良くないので、両校の頭文字をとって「IとI」とし、「愛と愛」だから間に「♡」を入れた、ということです。

子どもたちは、登校時にベトナム語、中国語、クメール語、ラオス語、タガログ語、ポルトガル語、タイ語、英語、そして日本語で「おはようございます」と書かれたボードを日替わりで持って学校の入り口に立ち、登校してくる児童と挨拶を交わしています。

このような目標を持って学校生活を送ることによって、「それまでの環境から離れ、言いたいことが言えない」「周りの人が話している日本語がわからない」という来日したばかりの友達に対して、多数派(マジョリティ。この場合は日本語を話す児童)から少数派(マイノリティ)側に積極的に働きかけることの大切さを感じているようです。

今までは早く日本の生活に慣れて日本での生活を豊かにしてほしい、という思いから外国に関係のある児童に対して子どもたちが日本語で語りかけることが多かったのですが、そうではなく、日本語が不自由な友達の不安な心に寄り添い、友達が安心できるように友達の母国のことばで挨拶をしたい……という発想を子どもたちが持つようになったのです。

これは教職員が押し付けたのではなく、子どもたち自身が自然に身につけた発想です。

このような様子からも、子どもたち自身が「多文化共生」を大切に考えていると言えるのではないかと思います。

通訳者の協力

日本語の学習をおこなう国際教室での授業以外、つまり少人数学級や在籍学級での理科や社会科、総合的な学習の時間や道徳など、多くの授業で日本語指導が必要な児童が学習しています。

したがって、国際教室の担当者だけでなく全ての教職員が、さまざまな課題を抱えている児童に対しての学習支援の方法を共有する必要があります。

特に算数を苦手としている児童が多いため、算数科のねらいの達成と日本語力の獲得《かくとく》・向上《こうじょう》という二つの視点から学習をおこなう「統合学習」の授業研究を全職員で取り組んでいることは先に書いた通りです。

聞くところによると、外国に関係のある児童や生徒が転入してくると、全てを国際教室担当まかせにしてしまうような学校もあるそうです。また、在籍する学級でおこなう学習は、子どもが自分の日本語の力で参加できるようになるまでは、ただじっと我慢して座っているだけになっているというような状況も多いと聞くことがあります。

飯田北いちょう小学校では、日本語学習をおこなう国際教室担当の教員だけでなく、少人数学習担当や各学年担任も、全ての学習の時間はもとより、各行事や委員会活動、児童会活動、さらに学校の廊下で大人とすれ違った時の挨拶や給食室での配膳・返却の時など、全てにおいてことばを大切にしています。

また、日本に来たばかりの子に対しては、在籍学級でおこなう算数科や社会科を中心に、中国語やベトナム語など母語の通訳者が寄り添い、子どもが授業の内容を母語で理解できるような支援もおこなわれています。

横浜市には「外国語補助指導員制度」という制度があり、それを活用して、飯田北いちょう小学校には現在、ベトナム語通訳者が常駐《じょうちゅう》しています。そのほかにも横浜市の「母語を用いた学習支援事業」の指定を受け、二人の中国語通訳者が交代で毎日、支援に来ています。

この三人の通訳者は、学習支援だけでなく、保護者への電話による連絡や配布物の翻訳、面談の通訳などもおこなっていて、学校にとっては不可欠な存在となっています。

さらに、子どもが母語を忘れてしまうことのないように、横浜市の母語学習の制度を受け、ベトナム語通訳の方が週一回の「ベトナム語母語教室」(母語保持の取り組み)を開催しています(「7章　アメリカの教育から学ぶ」を参照)。

このように、通訳者の協力は多文化共生の学校をつくっていくうえで、とても重要なのです。

● 入学式と卒業式

入学式や卒業式、運動会等の学校の大きな行事の中でも、さまざまな取り組みをおこなっていることを先に書きましたが、ここで少し具体的に紹介しましょう。

たとえば、入学式や卒業式の時、受付で配布する各種資料は複数の言語で書かれています。さらに学校長の挨拶や来賓《らいひん》、ＰＴＡの方からのお祝いのことばも、一部通訳を入れて伝えるなど外国に関係のある子どもやその保護者に対して、メッセージを正しく伝える工夫をしています。

また、入学式の時には、新二年生が「歓迎のことば」で新入生を迎えいれるのですが、この挨拶では「いろいろな国の友達がいるから楽しい」というメッセージを伝えたり、さまざまな国のことばで挨拶をしたり、歌を歌ったりしています。それらをみて、不安を抱えていた新一年生はとても安心するようです。

一方、卒業式では、母国や自分に関係のある国の民族衣装を着て参列する卒業生も多くいます。さまざまな民族衣装がみられ、とても華やかになります。近年は保護者の中にも、いっしょに民族衣装を着てお祝いをしようという方々が増えています。

保護者に対して、子どもたち自《みずか》ら母語を使って呼びかけをする場面もみられます。複雑な政治情勢などを考慮して、国旗や国歌を取り扱うことはしていませんが、その代わり、各国のことばで「入学おめでとう」「卒業おめでとう」という看板を式場に掲示しています。

●運動会

一年のうちで最も保護者が多く来校するのが運動会です。会場の入り口には、さまざまな国のことばで書かれた運動会のスローガンが掲示されるほか、案内表示も多言語化することによって、誰にでも安心して運動会に参加していただけるような工夫をしています。また、母語を話せる高学年児童が中心となって多言語のアナウンスをおこなっています。開会式でのスローガンの発表や応援合戦のことばの一部も多言語化しています。

3-3 卒業式は民族衣装で

徒競走をはじめとする各種競技や団体演技などの名称も、多文化を意識したものが多くあります。全校児童、教職員、保護者で毎年おこなっている全校ダンスでは、初年度が横浜市の「泉区音頭《おんど》」、二年目がベトナムのダンス、三年目が中国の太極拳《たいきょくけん》、そして二〇一七(平成二九)年度はカンボジアの民族舞踊《みんぞくぶよう》を取り入れました。

また、お昼の時間のアトラクションとして、地域で活動している「中国獅子《しし》舞《まい》泉《いずみ》の会《かい》」に「中国獅子舞」の演技を披露《ひろう》していただいています。

ちなみに、「中国獅子舞泉の会」のメンバーは本校の卒業生で構成されています。中国文化の伝承だけでなく、中国に関係のある児童、保護者にとっては、自国の文化的アイデンティティを育むことができる大切な活動となっています。

3-4　運動会を獅子舞が盛り上げる

●多言語による「コミュニケーション・ボード」

前に紹介したように、児童が校舎内に入る時には「おはようございます」、外へ出るさいには「さようなら」という多言語の表示が目に入るよう昇降口に設置してあります。そして、児童が靴《くつ》を履《は》き替える靴箱の近くには、「いっしょに遊びましょう」「ありがとう」などと書かれた多言語の表示が対《つい》になって掲示してあります。

以前は、誰でも多言語を読めるように「ひらがな表記」にしていましたが、母語を保持している児童との関わりが持てる多言語による「コミュニケーション・ボード」としての活用を期待するために、現在はひらがな表記は外《はず》してあります。

かつて、ある地域の学校を視察したさいに、「職員室」という表示札の下にポルトガル語とスペイン語で「職員室」と表記されているのを見かけました。その時「自分の学校で同じことをするとしたら、一三言語(当時)で表記しなければならないことに……。いや、そもそも母語を保持している児童が少ないから、場所を表記するのではなく、多言語でコミュニケーションを図れるようにしたい」と考え、本校では、このような多言語による「コミュニケーション・ボード」を設置することにしたのです。

● 不安や不満の声も

旧いちょう小学校では、全体の約八割弱が外国に関係のある児童だったこともあり、前述してきたような活動が必要不可欠でした。そして保護者の力をあてにした取り組みが全ての前提となっていました。

したがって、PTAの集まりや学級懇談会《こんだんかい》なども、保護者の方々が仕事を終えた後に集まれるよう遅い時間から開催したり、通訳を入れることでさまざまな活動に時間が長くかかったりすることも、日本人の保護者の方々にも納得していただいたうえでおこなわれていました。

しかしながら、旧飯田北小学校は、必ずしもそのような環境ではありませんでしたので、統合をするにあたっては、早くから担当者が集まり、新しい学校の教育課程の作成に時間を割《さ》いてきました。

その結果、外国に関係のある児童が急に増加するということもあって、旧いちょう小学校が取り組んできた地域やボランティアと連携した多文化共生の取り組みを柱の一つとして、統合後の新しい学校を運営していく方向性が決まりました。

しかし、統合初年度の、保護者による学校評価アンケートでは、多文化共生の取り組みに対する不安や不満の声が多く寄せられました。さらに、統合二年目のアンケートでも、同じような感想が書かれていました。

日本人の保護者の中には、多文化共生の取り組みをすることによって、学習面での進度が遅れることなどに不安を抱いた方もいたようです。また、日本の学校なのに、どうして多言語で対応しないといけないのか、という思いを持った方もいました。

そこで、どうして本校には外国に関係のある児童が多く在籍しているのか、どんな背景で彼らが日本に来たのか、多くの方が日本を拠点に生活することを目指していること、少子高齢社会を迎えて人口が大きく減少する日本では、将来、外国の人々との共生が不可欠であることなどを説明しました。

そして、私たちの学校では子どもたちに対してどのようなことを期待し、どのような取り組みをしているのか、日本だけではなく、ほかの先進国の取り組みの紹介もしました。さらに今後の日本に求められる教育のあり方などについて、できるだけ理解してもらうために「国際教室だより」を発行したりしました。

それらによって、日本人の保護者の方々から「テレビのニュースや新聞ではあまり取り上げられない話題だったので、正直驚いている」「学校でおこなう多文化的な取り組みのねらいが、よくわかりました」というような感想をいただくことができました。

●多文化共生は誰のため？

このような学校づくりをしていることから、「外国に関係のある児童や保護者に対して、細やかな対応をしていますね」と視察に訪れた方に言われることがあります。しかし、「外国に関わりのある人」だけのためではなく、「日本人を含めてすべての……」と考えています。つまり、国籍や文化、習慣、宗教などは関係なく、「目の前にいる一人ひとりの子どもや保護者の課題に寄り添った支援」を原則としているのです。

「多文化共生」とは、国籍や文化が違う者同士が共生するための知恵集めでは決してありません。私たち日本人にとっても、生まれ育ったバックグラウンドやものの見方、考え方が違う者同士がいっしょに生活するためには、欠かすことのできない大切な視点だと言えるのではないでしょうか。

4

国際教室って どんなところ？

国際教室の役割

飯田北いちょう小学校の「多文化共生」の取り組みは、原則として国際教室担当がコーディネートし、学校教育活動の中で円滑に進められるように連絡調整を図っています。

国際教室担当の職員の数は、横浜市では独自に定められていて、この学校には四人いました(二〇一七年度は五人)。そのうち二人は、国際教室で国語の少人数学習、または日本語の指導を担当し、ほかの二人は少人数学習の担当として、日本語指導は終了したものの在籍学級での学習に十分に参加できない児童の国語科と算数科の学習を支援しています。

国際教室の役割としては、次のような点が挙げられます。

- 日本語指導、生活適応指導、教科学習指導、行事などへの活動支援をおこなう。

・学年担任、少人数指導担当、日本語支援非常勤講師、外国語補助指導員と連絡を密にとり、少人数学習を円滑におこなうことができるように調整する。
・外国語補助指導員や母語サポーターと連携し、母語への依存度が高い児童に対して、一部の授業の通訳や、保護者への電話連絡、配布物の翻訳、各種行事等での文化伝承、放課後の母語教室開催等の取り組みを企画運営する。
・日本人児童と外国に関係のある児童の共生のため、多文化共生教育の発信をおこなう。あわせて、外国に関係のある児童のアイデンティティの保持に関わる支援をおこなう。
・近隣の小中学校や各種ボランティアと連携し、外国人児童生徒教育を推進する。

ことばを育む支援

（1）日本語の初期・後期学習

前年度からの引き継ぎ児童や就学途中で転入してきた児童については、年度当初（受け入れ時）のアセスメント（調査やインタビュー）で児童の基本情報を保護者に確認し、個別指導計画（様式1）を作成しています。また、日本語指導に係る支援が必要だと思われる児童については、その後、2章で述べたDLA測定をおこない、支援の段階を確定し、個別指導計画（様式2）を作成し、指導しています。

一般的に来日（受け入れ時）してから約半年程度の初期支援段階の児童に対しては、「話す・聞く」を中心とした「初期日本語（ザバイバル日本語）学習」、来日後、約半年から一年程度の個別学習支援段階の児童に対しては、「読む・書く」を中心とした「後期日本語（基礎、技能日本語）学習」、来日一年から一年半以降の支援付き自立学習段階の児童に対しては、教科学習のねらいの達成と日本語力の向上という二つの視点から教科学習（国語科または算数科）をおこなう少人数学習（統合学習）というように、子どもたちの日本語力や基礎学力などに合わせて柔軟に対応しています。

①初期日本語(サバイバル日本語)学習

初期日本語学習では、来日直後の子どもから、来日後、半年程度の日本語をゼロから学ぶ子どもを対象としています。

日本で安全・健康に過ごし、できるだけ早く学校生活に慣れ、友達と共に安心して毎日を過ごせるようになるうえで最低限必要だと考えられる日本語のコミュニケーション力を育むことをねらいとし、プログラム化しています。

プログラムは、A：安全・衛生・健康、B：関係づくり、C：日常生活、D：学校生活・学習、の四タイプのトピック型の活動を、学年ブロック(低・中・高)ごとに整理しています。

4-1 国際教室で日本語を学ぶ

サバイバル日本語学習活動(例)
(タイトル) (言語事項)
A 体調不良「おなか、いたいです」
★語彙:顔、目、耳、はな、口、頭、おなか、足、手
★表現:〜いたい、〜がいたい、〜が、いたいです
B 許可「トイレに行ってもいいですか」
★語彙:トイレ、水、保健室、行く、飲む
★表現:トイレ、いい? トイレ、行く、いい? トイレに行ってもいいですか?

②後期日本語(基礎、技能日本語)学習

一般的に、日本での生活が約半年を過ぎると、相手が話す日本語を理解して行動したり、単語レベルの日本語で表現したりすることができるようになります。日頃、耳から入って

くる日本語を整理し、文法を学び、自分でも使えるようにする学習が基礎日本語です。

この時期の子どもたちが書いた作文をみると、話しことばをそのまま書いてしまうことも多いようです。したがって、話している場面や意味を確認しながら、整った日本語での口頭表現を確認し、書きことばとしての表記法について触れることが大切です。

また、来日してから一年を過ぎた頃になると、一般的に日常会話程度のおしゃべりはできるようになってきます。しかし、「話す・聞く」という能力に比べて、「読む・書く」という能力はなかなか定着しません。

したがって、書いて確認する、読み取った情報を口頭または書いて表現する、表記・文法に着目して整った日本語で表現するなどの日本語技能を高める学習を意図的に展開します。

③国語少人数学習（教科と日本語の統合学習）

初期日本語と後期日本語の指導段階を終了した子どもたちは、それまでの学習で習得した日本語の語彙や表現を使って、友達や教師と不自由なくコミュニケーションを取ることができるようになってきます。また、聞いたり読んだりして獲得した情報を整理して、簡単な文で表現することにも慣れてきます。

しかし、生活をするための最低限の日本語が身についたとしても、学習するための日本語の力は十分ではないため、一足飛《いっそくと》びに自分の日本語力だけで在籍学級の学習に参加することは難しい状況にあります。

本校の国際教室の授業は、各学年の国語科の授業と重ねて設定しているので、日本語の指導が必要な児童が在籍している場合は、ある一定期間、国語科の代わりに日本語指導をおこなっています。また、日本語指導の対象児童がいない場合は、日本語指導を終えた児童に対して、国語の少人数学習をおこなっています。

国際教室での国語少人数学習の特徴は、在籍学級に比べると、より「ことば(日本語の語彙や表現)」に着眼し、一人ひとりの「ことばの力(日本語力)」に合わせた支援を心掛けています。

また、母国の学校で学習を経験した後、就学途中で来日した児童は、日本での国語科の学習経験がない場合もあります。たとえば、三年生の時に来日した児童の場合は、個人差はありますが約一年程度は国語科の学習の時間に国際教室へ通い、日本語を学習することになっています。

そして約一年後、日本語の初期・後期学習を終えると、四年生からは国際教室と在籍学級の間に位置づけられる二つの少人数学級（「2章　何をどのように？」を参照）で、国語科の学習をすることになっています。

そうなると、その児童は、一年生から三年生までの国語科の学習を経験していないために、さまざまな要素の学習課題を経験しないまま少人数学習をすることになってしまいます。そこで、日本語の初期・後期学習を終了した児童に対して、少人数学習に入る前に、教科書やノートの使い方、辞典の使い方、音読や漢字学習の仕方、宿題の仕方などについて「国語の入口学習」と題して、事前に学習する時間を設定しているのです。そうすることによって国語学習への接続が円滑になり、子どもたちが安心して学習に臨《のぞ》めるようになると考えています。

このような児童の場合は、四年生の夏休みに入る前(七月)までに国語の入口学習を終え、休み明けから国語の少人数学習に参加することになります。

また、通級する側の心理的影響も考慮し、単元やその日の授業内容に合わせて児童を決定したり、一単元を完全に分けておこなうのではなく、学習途中での中間発表会や、単元のまとめでおこなう発表会等の場を意図的に設定し、互いに学習の成果を確認・共有できるように工夫しています。

● 母語による生活適応支援・教科補習

前述したように、就学時期に途中編入してくる児童は、例年約一〇〜一五名程度います。

学校生活については、学級にいる同じ母語を話す友だちが通訳となって世話をしてくれるので、すぐに慣れ親しむことができるようです。しかし、学習になると友だちが通訳をしてくれることは少ないので、日本語で理解できるようになるまでは、何となく友だちの行動を真似《まね》したりしながら学習をします。

旧いちょう小学校では二〇一三（平成二五）年度から、横浜市の外国語補助指導員派遣の指定を受け、ベトナム語通訳者が常駐できるようになりました。また、母語を用いた学習支援事業の指定を受け、中国語通訳者二名が交代で毎日来校していることは先に書いた通りです（「3章　多文化共生の学校づくり」を参照）が、入学前または一～二年生で来日した児童に関しては、通訳者の協力を得て、先生の言っていることを母語で確実に伝え、悩みを母語で聞いてあげる生活適応支援を中心におこなっています。

また、三年生以上で来日し、日本語で理解できなくても母語で思考して表現する力を持っている児童については、算数科や社会科の学習を中心に、母国での学習経験を日本での学習につなぐことができるよう通訳者に入ってもらっています。

ここでは、教師や友達が話している内容を母語で伝えて正しく理解できるような支援だけでなく、日本語で発表(表現)できるように、可能な範囲で日本語に置き換えて伝え、子どもたちの日本語力向上を支援しています。

子どもたちの多くは、日本に定住し、日本の社会で生きていくことを前提に学んでいます。そのため「聞く」「話す」に加え、「読む」「書く」を大切にし、文章を読んだり書いたり、考えを表現したりする「ことばの力」を高める工夫を国際教室だけでなく、全ての教育活動の中で実践しています。

そのほかの多文化的な支援

授業のほかに、学校での委員会活動に多文化共生委員会があります。そこでは、「日本の子どもも、外国につながる子どもも、仲よく生活できる学校にしよう」という目標を設

4－2 カンボジア支援の募金活動
(現在は「カンボジア・ベトナム募金」)

定しています。

その活動の一つとして、毎年一二月の人権週間に合わせて「ベトナム・カンボジア募金」をおこなっています。集めた募金はボランティア団体を通じて、カンボジアやベトナムで、貧困のために学校へ行くことができない友達への学費の補助や通学のための自転車に換えて寄贈しています。

募金を受け取ったベトナムやカンボジアの友達からは、写真を添えた手紙が送られてきます。募金を集めて送ることを目的とするのではなく、自分たちの小さな募金が困っている友達の役に立っていることを感じられるので、自己肯定感《じここうていかん》の高揚《こうよう》にもつながる活動と考えています。

また、同じボランティア団体を通してラオス支援をしている生協パルシステムと協働し、ラオスの学校支援と貧困層の子どもたちが学校に通うための支援をしています。

これは、書き損じはがきや未使用の切手などを回収してお金に換えて支援する活動です。本校に集まる数だけでは、毎年ラオスの友達一人分の学費にしかならないので、協働して

4-3 書き損じはがきを集めてラオス支援

いるパルシステムの組合員から集まった数万枚の書き損じはがき（数十人分の学費になる）も一緒に仕分け作業をしています。現在は、組合員から寄付された絵本に、ラオス語の文章を張り付けて、ラオスの学校に送るプロジェクトにも参加しています。

近い将来、日本でさらに多くなることが予想される外国に関係のある子どもたちが、日本人児童と共生し、共に豊かな日本社会を築いていくために、多くの地域や学校の中で「多文化共生」を視点に当てた取り組みなどをおこなうことが期待されています。

国際教室担当は、単に日本語を教えるだけではなく、日本語教育が持つ「全人教育」という教育的社会的役割の重要性を意識して、さまざまな活動に携わることが大切なのだと思っています。

コラム
いちょう小学校に「菊池あり」

並木第一小学校　横溝　亮

ボクが菊池先生に出会ったのは、菊池先生が香港日本人学校から帰ってきたときでした。ボクは大学院生として、いちょう小学校の支援を始めた年です。その当時は、支援者と教員という関係でしたが、その翌年、ボクがいちょう小学校に勤務することになり、同僚となりました。

菊池先生は、初任者のボクに様々なことを教えてくださった「師匠」のような存在です。当時のいちょう小学校は単級のため、ボクが同じ学年の先生から学ぶ機会はありません。初任者として右も左もわからないボクに、菊池先生は今までの経験を存分に伝えてくださいました。

国際教室担当者として

ボクも菊池先生と同じ国際教室担当です。ボクが国際教室担当となったとき、まず頭に浮かんだのは、菊池先生の担当者としての動き方でした。

「担任を助け、そして児童の情報を担任と共有し、学級指導・国際教室の指導に生かすことから始めよう！」、そんなことを思いながら担当者の仕事をしています。

二〇一八年現在、横浜市には一〇九校の国際教室があります。国際教室の担当者は一人担当が多く、なかには孤立している担当者もいるようです。ぜひ、そのような担当者には菊池先生の校内での動き方を見てほしいなと思っています。

ボクも教員経験が一〇年以上になり、様々な経験を積んできました。これからは菊池先生がボクにしてくれたように校内でできること、国際教室担当者にできることをいろいろな場面で返していきたいと思っています。

5
新たな課題

親子のコミュニケーション・ギャップ

二〇一七(平成二九)年一二月現在、飯田北いちょう小学校には全校児童の全体の五四パーセントにあたる一四八人が外国に関係のある児童であることは前に書きました。そして、その多くは、二世、三世世代ということも紹介しました。

就労している保護者の多くは、時間をかけて日本語を学ぶ時間が少ないこともあり、日本語の理解力は必ずしも十分ではありません。一方、子どもたちは学校で日本語を学び、日本語の能力は高まってきます。

したがって、保護者は次第に子どもの話す日本語が理解できなくなっていきます。その結果、親と子が細かなニュアンスや感情などをことばで伝え合うことができなくなっているという新たな課題がみられるようです。

親子の間で会話をしている様子をみていると、子どもたちは親が理解できる易《やさ》しい日本語に、自分が知っている母語を混ぜて話し、親は子どもが理解できる易しい母語に、親が知っている日本語を混ぜて話している場面があります。

そのような様子をみると、「本当に通じ合っているのだろうか」と心配になってしまいます。

〈中間人〉になりたい!?

日本語が上達すればするほど母語を忘れ、母国へのアイデンティティが薄れていく子どもたちの現状に対して、早急な対応が必要だと思います。

二〇一一(平成二三)年にNHKのドキュメント番組で、旧いちょう小学校の二人の児童が取り上げられました。

そのうちの一人、日本国籍のA子さんのお父さんは、日本から中国へ移住し、戦後、日本に帰国した中国帰国者の息子さんです。したがって、日本国籍ですが日本語を話すことはできません。その後、中国の方と結婚し、A子さんが生まれました。保育園に入るまでの家庭の中の会話は、母語である中国語だったようです。けれども、A子さんは、保育園そして小学生になる頃には中国語を話せなくなり、六年生になった頃には中国語を聞いて理解はできるものの、自分から話すことはなくなったといいます。

学校でほめられたことやうれしかったことを親に伝えたくても伝えることができないという現状を、番組の中で涙をこらえて話していました。そして卒業式後のインタビューでは「中国語を勉強して、親と語り合いたい」という夢を語っていました。

もう一人の中国籍のB太君は、日本生まれ。生後半年で日本で生活する両親と離れ、中国に住む祖父母のもとに預けられ、二年生になるまで中国で過ごしました。

両親は、B太君が生まれる一〇年前に、中国帰国者の親戚に呼び寄せられて来日しました。日常生活に最低限必要な日本語は理解することができますが、学校などでは通訳を介さなければ細かな情報交換はできません。

B太君は、A子さんに比べて、中国語で思考して日本語を学習することができたので、二年間で、自分の日本語力だけで在籍学級での学習に参加できる程度の日本語を獲得することができました。

B太君は、家庭での会話が中国語だったこともあり、会話する程度の母語は保持することができましたが、小学校を卒業する頃には、中国語で読んだり書いたりすることは、ほぼできなくなってしまいました。

思春期を迎える時期に差し掛かると、人目を気にして、日本国籍を取得したいと願うようになります。そして、家族での食事中に、B太君は思い切ってその想いを両親に伝えました。

両親は、

「せっかく中国人として生まれてきたから、中国人として生きていってほしい」

と伝えると、Ｂ太君は、

「〈中間人〉ってないのかな……」

それを聞いて両親は、

「Ｂ太は、日本語でも中国語でも理解することができるんだから、まさしく〈中間人〉なんだよ。国籍は関係ないよ」

と話していました。

卒業式後のインタビューでは、

「将来は日本国籍を取得し、日本人になりたい」

という夢を語っていました。

現在二人は、立派な大学生。小学校時代に描いた夢の実現に向けて、努力を続けています。

毎年、卒業式が近くなると、私から卒業生へ最後の授業をする機会があります。私は、子どもたちへの最後のメッセージとして、このドキュメント番組を視聴させています。そして、番組をみた後にはアンケートをとり、子どもたちの現状について調査を続けてきました。二〇一三(平成二五)年の卒業生のアンケート結果は次の通りです。

ドキュメント視聴の後におこなったアンケートの結果

1 何語で話していますか？

○ベトナム人(15名)
ベトナム語　1名
ベトナム語と日本語　11名
日本語　2名

母：日本語とベトナム語、父：ベトナム語　1名

○中国人（12名）
中国語と日本語　10名
日本語　2名

○ペルー人（1名）
スペイン語とポルトガル語と日本語　1名

○ブラジル人（1名）
ポルトガル語と日本語　1名

○カンボジア人(1名)

日本語　1名

2　親子間で会話は通じますか?

ベトナム人(15名):通じないことがある6名、通じないことはない9名

中国人(12名):通じないことがある9名、通じないことはない3名

ペルー人(1名):通じないことはない

ブラジル人(1名):通じないことがある

カンボジア人(1名):通じないことがある

3 親子間で会話が成立しないことをどう思いますか？

さみしい（自分の言いたいことが伝えられない）

かなしい（自分も苦しいし、親も悲しいと思う）

いやだ

不便

不安（どんどん気持ちが離れていくようで不安になる）

わからない

4 会話が成立しない時はどうなりますか？

話したくなくなる（話したくなくなって、家を飛び出したこともある）

あきらめる（きちんと話をして考えをぶつけたいけど、何もできない）

イライラする
けんかになる
めんどうになる
近寄らない
あきらめない（ジェスチャーをしたり、顔の表情で伝える）

5　会話が成立しないことの解決策は？

親の国の言葉を勉強したい
（今の日本ではベトナム語を勉強できないから、大学生になったらベトナムに留学して、ベトナム語で読み書きができるようになりたい）
親が日本語を勉強してほしい

親に日本語を教えたい
親から言葉を教えてもらいたい
（自分は日本生まれ。日本で育っているから自分の国の言葉をあまり話すことができません。だから両親にクメール語を教えてもらいたいです）
言葉以外の方法をためしてみる
お互いに英語で話す
親子でいっしょに勉強する
できるだけ相手にわかる言葉で話す
発音が悪いから勉強したい
親は日本語を今から勉強するのは無理だから、私が親の言葉を勉強する
（私は将来、中国語の通訳になりたいと思っています。そして、私の友達と同じように、親と話ができない子供達を助けてあげたいです）

あきらめている
何もしない

6　国籍を変えたいと思いますか？

日本国籍を取得したい
（たぶん日本国籍に変えると思う。日本で暮らしていく以上、日本国籍のほうが何かと便利だから）
今の国籍のままでいい
（ベトナム国籍からは変えません。私は、これからも日本で暮らしていきますが、ベトナム人から生まれたので国籍は変えません）
高校進学の時に日本国籍にしたい

今はいいけれど、大人になったら親に相談して決めたい
(いちょう団地で暮らしているうちは気にしないけど、高校や会社に入ると差別されるのかな。そう考えると不安になります)
前は日本国籍にしたいと思っていたけれど、今は親の国の国籍でいたい
自分に自信が持てれば国籍は関係ないと思う。国籍など深く考えないで生活すればいいと思う

●母語で読み書きできる力

B太君のように、日本で生まれた後で中国の学校に通い、中国語で読み書きができるようになってから来日するという事例は、ここ数年間で多くみられています。両親の母国に

対する特別な思いと、子どもの将来を見据えたバイリンガル志向によるものと考えられます。

しかし、来日する時期が早い、つまり母語を学ぶ期間が短ければ短いほど、母語を喪失してしまう傾向がみられるばかりか、日本語や日本での学習が定着しないということにもつながっています。特に、母語は第二言語(この場合は日本語)の読み書き能力や認知面における発達の基礎であり、母語と第二言語は、相互に依存していると報告されています(「二言語の相互依存」ジム・カミンズ)。

また小学校四年生まで母語の教育を受けないと、第二言語の学習言語を、母語話者と競争できるまでに習得できないとも言われています。

つまり、一〇歳頃までに母語で読み書きができる程度の(母語の)力を習得しなければ、外国語(この場合は日本語)、ひいては外国語で学ぶ教科の学習に支障をきたすということです。

私が一五年間、この地域で日本語支援をおこなってきた経験からも、前述した報告は、とてもよく実感できます。

子どもたちの将来を見据えると、私個人としては、高校受験が最初の分岐点になっているると感じています。

個人差はありますが、母国で小学校三年生まで過ごし、四年生つまり一〇歳で来日し、四年生、五年生の二年間で日本語をしっかり学び、六年生ではその日本語を使って在籍学級で通常に学習すれば、中学進学、そして高校進学が可能となると思います。そして、その後の母語保有の可能性も高まり、アイデンティティの確立や自己肯定感の高揚が期待できるのではないかと考えています。

小学校三年生よりも早く来日することによって、B太君のように母語を喪失してしまう可能性が高くなりますし、それ以上遅くなると、高校受験を突破できるほどの日本語力と学力の獲得は期待できない可能性も高くなるのではないかと考えています。

●ことばとアイデンティティ

異国で学ぶ子どもたちがどのように母語を保つのか、という課題への取り組みについては、アメリカやカナダなどで先進的におこなわれてきました。しかし日本においては、学校教育の中で、そのようなことがおこなわれている例はあまり聞きません。

一般的に、言語はアイデンティティの形成と密接に関わっていると言われます。子どもが自分の「言語」を確立できない状態になれば、その後のアイデンティティも不安定になるという報告もされています。

子どもたちの将来を見据えると、母語を保持し、母語の能力を伸ばすことが大切です。これは、その当事者家族だけの問題としてとらえるのではなく、外国に関係のある方々を受け入れ、彼らのマンパワーを期待した豊かな国づくりを実践している日本社会全体の問題です。社会全体として、彼らのアイデンティティを育むことができる教育環境を整備しなければならないと、強く感じています。

コラム

心からわかり合おうという気持ちが一番大事

K・M

私は小学校四年生の時に祖父母と両親とともに来日しました。中国では黒竜江省で両親と祖父母の三世代で暮らしていました。母方の曽祖母が日中戦争の時、残留孤児であったことが来日のきっかけです。

中国では、朝から晩まで授業時間が長くて宿題も多い、いわゆる詰め込み型の教育で、とても大変でした。しかし、日本に来て、授業時間が短くなった上に、宿題も少なく、中国から来た子供なら誰もが日本の教育制度のほうが「好き」と答えるのも無理はないと思いました。また、日本の学校では、授業を通して芸術やスポーツなどの様々な面で成長できるのが良いと思いました。

来日当初、日本語が全くわからなくて不安でしたが、クラスの友達や先生方が私を温かく迎えてくれたことがとてもうれしかったです。クラスでの生活は、通訳をしてくれる友達のおかげで、あまり不自由もなく過ごすことができました。日本語の上達には、放課後の日本語教室や菊池先生の国際教室がたいへん役に立ちました。授業だけではなく、放課後も友達と遊んでいたので、私はすぐに言葉を覚えられたのですが、両親はそうすぐには覚えられませんでした。特に、日本と中国の学校のシステムが違うので、両親に説明してもあまりわかってもらえなかったのが大変でした。学校から成績表や歯磨き週間など、家族のコメントが必要な時、ほとんどいつも自分で考えて書いたものを両親が写していました。今思い起こせば仕方がないと思いますが、当時子供だった私には、「なぜ両親がやるべきことを自分でやらなければいけないのか」と納得ができなくて不満に思っていました。

菊池先生からは日本語だけではなくて、いろいろなことを教えてもらいました。菊池先生はとても優しくて、いつもにこにこしていて、菊池先生に会うと、なんだか心が落ち着くような感じがしました。菊池先生は来日したばかりの私に、いつも中国語で話しかけようとしていました。日本語がわからない私には、自分の母語で学ぶことができて、とても親しみを持つと同時に安心感を覚えました。菊池先生の教室には、いろいろな国の飾り物やおもちゃなどが飾ってあって、とても国際的だと感じました。子供達は国際教室に行くのを楽しみにしていて、飾り物を触ったり、おもちゃで遊んだりしていました。また、私は菊池先生が担当していた多文化共生委員会にも所属していました。募金活動やカンボジアの学校との交流、イベントで踊ったカンボジアのココナッツダンスなど、どれも良い思い出です。何より、そのような国際的な体験が私の人生に大きな影響を与えました。

さらに、大きな影響を受けた体験として、来日して一年経った五年生の時に学習した「よこはま子ども国際平和スピーチコンテスト」に向けての取り組みです。いちょう小学校で一年間学んだ経験をもとに、「国籍や言葉など関係なく、心からわかり合おうという気持ちが一番大事」という内容でスピーチ原稿を書いてスピーチをしました。その後、学校代表として区や市の大会にも参加して、市長賞を受賞し、横浜市のピースメッセンジャーとしてニューヨークに派遣されました。ユニセフ本部に募金を届けたり、国連本部を訪問したりする機会をいただいて、国際平和に関する様々なことを勉強できました。私が一番印象に残っていることは、国連国際学校（ユニス）という国際色豊かな学校での授業体験です。そこでは人種や国籍など全く関係なく、みんな仲良く過ごしているのを肌で感じることができました。私が通っていた、いちょう小学校と同じような学校がアメリカにもあることを知って、何だかとても幸せな気持ちになりました。ニューヨークでの体験は、今でもはっきりと心の中に残っていて、その後も相手や自分の気持ちを大事にしながら人と接するよう心がけるようになりました。

地元の中学校にも外国につながる生徒がたくさんいましたが、国籍などの壁がなく、みんな仲良く過ごしていました。そのような環境で育ち、学んでいたからこそ、国際ということにますます興味を持つようになりました。高校は自宅から少し遠かったのですが、国際文化コースがある高校に進学しました。高校では授業で国際問題などについて勉強したり、韓国やアメリカのパートナー校交流に参加したりする機会がありました。現在、大学でも英語をはじめとする外国語や外国の文化について勉強しています。

将来は、様々な貴重な経験や学んだ知識、言語などを活かして、グローバルな企業に就職したいと考えています。そして、日本や中国を含め、様々な国のすばらしさをもっとたくさんの人に伝えていきたいと思います。

平成一九年四月来日（四年生時に来日）

中国籍児童　現在、大学生

6
ブラジルの教育に学ぶ

●初めての「難民選手団」

二〇一六(平成二八)年に開催されたリオ・デ・ジャネイロ・オリンピック。

多くの日本選手の活躍で盛り上がった大会でしたが、一方では、「難民」という立場で母国から出場できない選手が「難民選手団」として初めて出場した特別な大会でした。特に、柔道に出場したコンゴ民主共和国出身の二人の選手は、ブラジル政府から難民と認められ、ブラジルで暮らしている難民です。

ブラジルでは、難民保護政策として、母国において迫害の危険がある人々に対して積極的に「人道ビザ」を発行し、合法的かつ安全にブラジルに入国できる道を開いています。地球儀でみると、日本の反対側に位置するブラジルは、まさに私たち日本人が今後目指さなければならない「多様性に富んだ国」なのだと言えます。

そんなブラジルから、日本の学校教育、多文化共生社会づくりに活かせる取り組みを学ぶため、私はオリンピック閉会後にブラジルを訪れました。

マナウスの小学校

ニューヨークから約一〇時間かけて空路でサンパウロへ移動し、それからさらに数時間かけてブラジルの北部、アマゾン川流域にあるブラジル第三の都市マナウスに到着したのは、日本を飛び立ってから、約三八時間後でした。

はじめに訪問したのは、アマゾナス連邦大学です。キャンパスは、愛らしいナマケモノが出現するジャングルの中にありました。この大学は二〇一一（平成二三）年に、日本語・日本文学科を開設したそうです。

マナウスには、ホンダやヤマハなどの日系企業があって、多くの日本人が生活し、その

6-1 ブラジルの学校で

子どもたちのために日本人学校が設置されています。現地では、公立小学校も見学しました。この学校は日本語を話し、日本文化に慣れ親しんで連邦大学に進学したり、日系企業に就労したりできるようになることを目的の一つとして、開校されたそうです。訪問したさい、歓迎セレモニーで「君が代」を披露してくれました。

ここでは、日本語学習を週四時間と、理科と算数を週二時間ずつ日本語で学習しています。関係者は、「単に日本語を学ぶだけでなく、日本語を通して日本独特の文化を学んでいる」と話していました。

また、サンパウロには「リベルダージ」と呼ばれる日本人街があります。そこには日本の食材や食品を扱うスーパー、日本語を話すスタッフが常駐するホテルなどが数多く立ち並んでいました。そして、日本語を学びたい学生や若者を対象とした日本語学校も数多く開校され、日本語弁論大会もおこなわれていました。

この旅の目的は、連邦大学で開催される「日本語・日本文学・日本文化学会」に参加することではありましたが、それだけでなく、日本から遠く離れた異国の地で、日本語教育や日本文化が大切に語り継がれていることに、あらためて驚かされました。

●日本からブラジルに渡った移民たち

「移民の国」とも言われるブラジルは、暮らしている人々はさまざまで、日本人移民のほかにも、アフリカ系、ポルトガル系のほか、中東やヨーロッパからの移民など、多くの人々が住んでいます。このように、多種多様な人々が生活しているブラジルは、人種だけではなく、「文化のるつぼ」であり、多様な文化や生活様式が育まれ、共存している国であると言えるでしょう。

ブラジル社会の中に日本文化が浸透しているのは、一〇〇年を越える日系社会の歴史と深く関わっています。一九〇八(明治四一)年当時、日本の農民の多くは生活が苦しく、一方、農業大国ブラジルは多くの労働者を必要としていました。そこで、両国の考えが一致して、七八一人が移民第一陣としてブラジルに渡りました。最初の移民船「笠戸丸《かさとまる》」がブラジルへ到着してから、約二五万人もの日本人がブラジルへ移住しました。

初めて日本人移民を目にしたブラジルの人々は、日本人のまじめさ、勤勉さに感動したそうです。『ブラジル日本移民八十年史』(日本移民八十年史編纂委員会)には、数か月をかけてブラジルへ到着した船内は清潔に保たれ、混雑することなく並んで移動し、タバコの吸い殻や唾吐《つば》もなかった、と書かれています。

待っていたのは差別や偏見、重労働でした。過酷な生活に耐えながら必死に生きる日本人移民……。共同で土地を購入し野菜を栽培して販売する中で、日本人の仕事の細やかさや丁寧さ、誠実さは、ブラジルの方々からの信頼を得るようになっていったのです。

「ジャポネス・ガランチード(信用できる日本人)」ということばがあります。約束を守り、責任を持って仕事を果たし、まじめに働いた日本人移民が積み重ねてきた信用によって得られた「日本人、日系人なら間違いない」という評価が、「ジャポネス・ガランチード」ということばに込められているのです。

6-2　マナウスの公立小学校で使われている日本語の教材

日本人移民の子孫は、その勤勉さと教育程度の高さから社会的地位の高い職業について
いるケースが多く、政界、経済界、医者、弁護士、教員、芸術・文化を含む広範な分野に
進出し、ブラジルの発展に大きく貢献したと高く評価されています。

日本人移民の子孫が広く社会で活躍している様子から、ブラジルでは国籍や見た目に偏見は持たず、「よさ」を認め合う目を持ち、「がんばった者」が評価される国づくりをしてきたことがうかがえます。

「多文化共生社会」とは、国籍や民族の異なる人々が、互いの価値観や文化的な違いを認め合い、対等な関係を築きながら、地域社会の構成員として共に生きていける社会のことです。

現在、日本に住んでいる外国籍住民、そして将来、日本に移住してくる外国籍住民も、地域社会を共に支える住民です。国籍や民族が違うことで区別するのではなく、互いに違いを認め合い、尊重し合いながら、共に豊かに暮らすことが大切だということをブラジル社会は教えてくれていると言えるのではないでしょうか。

6-3 JICA で移民の歴史を学ぶ

●「移民」を理解する授業

飯田北いちょう小学校では、五年生の総合的な学習の時間の中で、ＪＩＣＡ（国際協力機構）横浜を訪問し、日本からハワイやブラジルなどに移住した日本人移住者について学ぶ「移民理解学習」をおこなっています。その後、六年生の時に「難民」について学びます。

遠く離れた異国の地で、日本人がどのように受け入れられ、どんな暮らしをしていたのかなどを知ることによって、ハワイやブラジルなどから来た友達のルーツを理解するとともに、この地域に多く集住している外国に関係のある方々との向き合い方、今後増加する移民の受け入れ方などについて考える大切な学習となっています。

マナウスの日本人学校を訪問したさい、日本人児童がサッカー・ブラジル代表（セレソン）のユニホームを着ている姿をみました。その一方で、ブラジルの若者が日本代表のユニホームを着ている姿を街中でみかけました。その時、多文化共生社会を形成するために大切なことを学んだ気がしました。

7
アメリカの教育から学ぶ

● バイリンガルを育成できる環境

私は、二〇一四(平成二六)年二月に、横浜市の教師海外研修の機会を得て、アメリカを訪れました。横浜で長く教壇に立って日本語の指導をしてきましたが、その間、日本語を獲得すればするほど母語を喪失し、親子間での会話のミス・コミュニケーションにつながっている子どもたちを多くみてきました。また、ことばだけでなく、自分が何人なのか、どの国でどのようにして生きていくのか、というアイデンティティを見つけ出せない卒業生を数多くみてきました。

そこで「バイリンガル教育からみた日本語教育と継承語教育」というテーマを設定し、移民大国であるアメリカで、日本語を母語としない児童生徒・保護者などに対する支援の方向性を見出したいという意欲を持って飛び立ったのです。継承語とは親から受け継いだ言葉のことです。

訪れたのは、カリフォルニア州ロサンゼルス郡近郊のグレンデール市。ロサンゼルスやサンフランシスコなど観光でおなじみの人気都市があるカリフォルニア州は、人口が全米で一番多く、中でもヒスパニック系(スペイン語話者)が多い地域で、州の住民の四〇パーセント近くが、家庭で英語以外のことばを話します。

アメリカの公教育にはマイノリティ言語を母語とする子どものためのプログラムが多いのですが、特にカリフォルニアは、英語を母語としない英語学習者が約一五〇万人(州人口の二五パーセント)と全米で一番多く、そのための教育プログラムも多彩です。

また、ロサンゼルス郡には約六万七〇〇〇人の日本人(在留邦人)が居住するなど、ほかの州と比べても日本人が多く、日本政府が支援する日本語補習授業校が四校舎あります。そこに約一三〇〇人の小中高生が通っています。

そのほかに、私立の日本語学校も多数存在しているため、平日は現地校で英語による教育を受け、週末は日本語学校に通い日本語で教科を学ぶことにより、日本語と英語の高度なバイリンガルを育成できる環境が整っている地域だと言えます。

グレンデール市には、連邦政府の外国語教育支援補助金（FLAP）を得て始まった新しい教育制度である七つの言語のイマージョン・プログラムを持つ公立の小学校が存在しています。イマージョン・プログラムとは授業科目を学習目標言語で教える教育法で、バイリンガル教育学者であるフレッド・ジェネシーによるとターゲット言語を言語として教えるのではなく、学習の道具として学ぶことによって、学力の発達を促進しながら第二言語（ターゲット言語）を習得させるものです。

私が研修を受けた公立小学校は、50／50モデル（英語と日本語を同時間数使って学習するシステムで、英語の時間の担当教師と日本語の時間の担当教師がそれぞれおり、一日の前半部を英語または日本語でおこない、後半部をもう一つの言語でおこない、それに合わせてそれぞれの言語の教室に移動している。四週間ごとに前半と後半の言語をスイッチし、両言語のバランスを保っている）を採用しているアルメニア語、韓国語、日本語のプログラム、90／10のモデルを採用しているフランス語、ドイツ語、イタリア語、スペイン語のイマージョン・プログラムがあります。また、特にアルメニア人の人口が多いことから、放課後にアルメニア語母語保持教室もおこなわれていました。

日本語イマージョン・プログラム

私が三週間お世話になったバデューゴウッドランズ小学校は、全校児童数約七〇〇人、そのうち約二〇〇人（幼稚園から四年生まで）が、日本語のイマージョン・プログラムであるＪＤＬ（Japanese Dual Language）学習者でした。

この学校には、授業が一〇〇パーセント英語でおこなわれる学級と、英語と日本語の両方（50／50モデル）で授業がおこなわれるＪＤＬ学級があります。両学級ともカリキュラム

7－1　日本語イマージョン・プログラムの教材

は、カリフォルニア州の学習カリキュラム「カリフォルニア州スタンダード」を基本とし、英語でおこなわれる授業は、それをもとにつくられた教科書などを使って学習しています。
ＪＤＬのカリキュラムは、カリフォルニア大学の教員と同校の初等教育プログラムスペシャリストが協同で日本語によるカリキュラムを作成し、指導をおこなっています。大学教員は、主に理論的枠組みの提示と保護者理解を促進するための保護者教育とターゲット言語の学習目標の提案を担当し、初等教育プログラムスペシャリストが具体的な教案・教材づくりと実践を担当しています。大学教員と初等教育プログラムスペシャリストは定期的にミーティングを開催し、カリキュラムの作成や見直しをおこなっています。

この学校のＪＤＬプログラムは、二〇一〇(平成二二)年に日本人の母親数名が発起人となって地元の学校区に呼びかけて始まった新しいプログラムです。保護者の学校教育への参加度は非常に高く、各学年へのボランティア(バザーなど)だけでなく、各種募金活動、音楽の授業支援など活発におこなわれています。現在、幼稚園と一年生は一人の担任が日

7-2 クラスの様子

本語の時間と英語の時間のどちらも担当し、二〜四年生は英語担当と日本語担当でスイッチしています。

ＪＤＬプログラムに参加している児童は、アメリカで日本人の両親に育てられた日本語を母語とする児童と、アメリカ人と日本人の両親を持つ日本語と英語の両言語を母語とする児童がそれぞれ約三分の一。そして残りの三分の一は、両親がアメリカ人で日本語を全く話さない、理解しない、英語を母語とする児童です。

私がアシスタントで入った二年生は、日本人教員が日本語を担当し、アメリカ人教員が英語を担当するＪＤＬクラスが二クラスありました。

アメリカでは、基本的に子どもの躾《しつけ》は家庭の問題で、大きな問題にならなければ学校では指導していません。しかし、ＪＤＬでは本の整理やゴミ拾い、ハンドサインの活用など、随所《ずいしょ》で日本の学校では一般的な日常生活の指導やルールについての指導などもおこなわれていました。

クラスの子どもの日本語力には差がみられましたが(同じように英語力にも差がみられまし

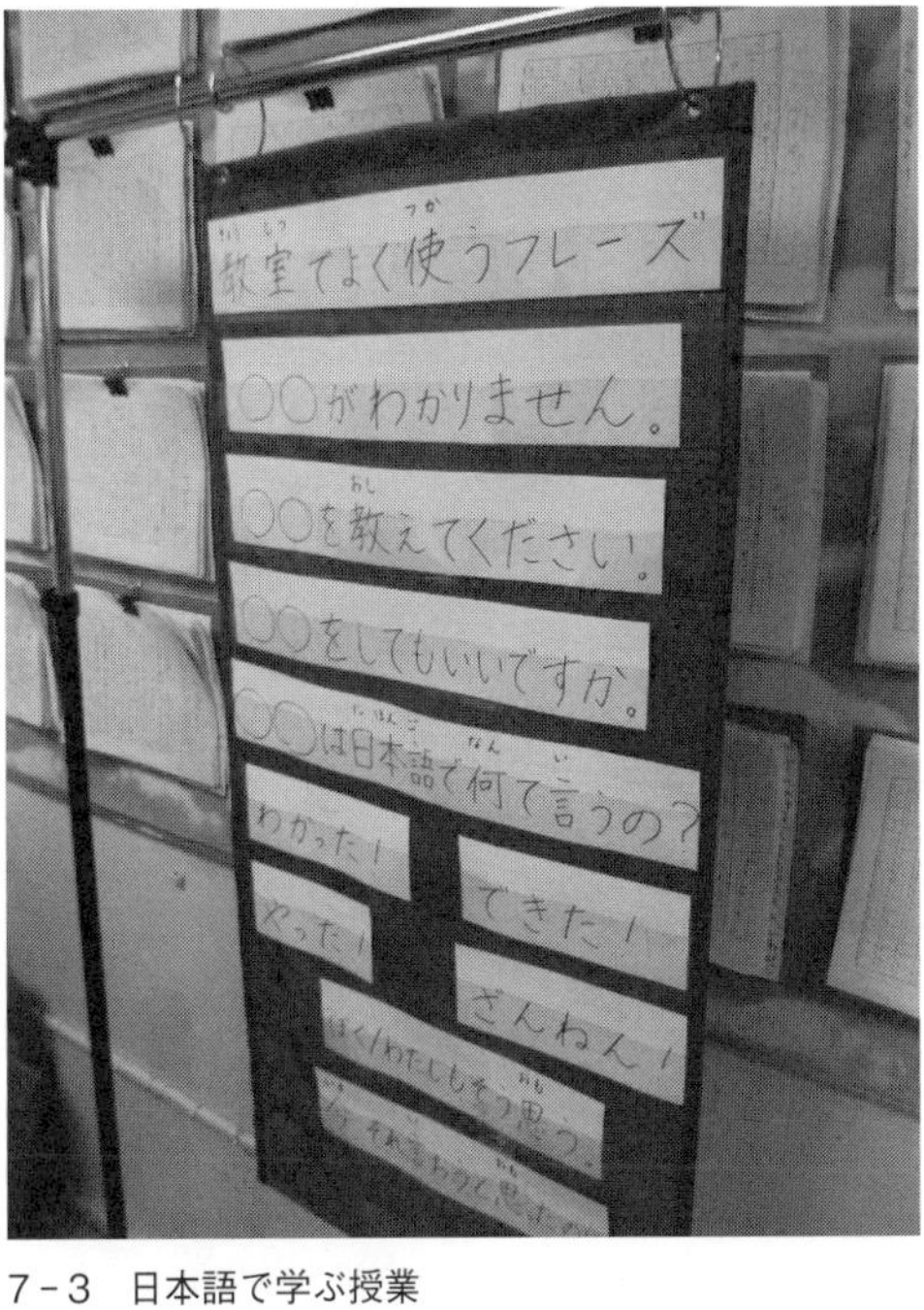
教室でよく使《つか》うフレーズ
○○がわかりません。
○○を教《おし》えてください。
○○をしてもいいですか。
○○は日本語で何《なん》て言《い》うの？
わかった！
できた！
やった！
さんねん！
ぼく/わたしもそう思う。

7-3 日本語で学ぶ授業

た)、新しい単元に入る前のホームワークで、新出の語彙や表現を写真や絵を添えて事前に学習し、カルタやフラッシュカードを用いて習得した後、文脈の中で活用する、という流れで学習が展開されていました。フラッシュカードとは、漢字や数字、物の名前などを書いたカードを子どもにみせながら、高速でめくっていくという右脳教育の手法の一つです。

そして新単元に入ると、動画やYouTubeを活用して、視覚的な情報とことばをセットにして理解させる工夫もされていました。たとえば、「山脈」ということばだけを取り出して教えるのではなく、さまざまな山の様子を表す写真や映像とセットにして理解するような支援をしていました。

● 話型と語彙の支援

ある日、私が担当したのは、漢字学習と漢字を活用した文章づくりでした。まず、フラッシュカードで漢字の読み方の復習をおこない、次にカルタを使って知識の定着を図り、最終的にはその漢字を使って文章化するという内容でした。

しかし、会話口調で文章化してしまったり、「〜して、〜して」のように文をつなげて一文で表現してしまう子どもが目立ちました。

その翌日も、違う子どもたちと同じ課題に取り組みました。初めに語彙カードを活用して子どもたちと文章づくりをし、サンプル文をつくり、次にサンプル文を読み上げ、読み上げた文に出てくる語彙カードを取るカルタをします。そして今度はカードを取った子がその語彙を活用して新しく文章をつくります。

日本語による表現に自信がない子どもは、サンプル文を活用すると整った日本語での表現がしやすく、安心して取り組むことができたようでした。

結果として、サンプル文を読むのに精一杯の子、サンプル文のレベルにも満たない子、文を複文に再構成して話せた子などがいました。日常会話レベルであればその差がわからないものの、文章を書いて表現する学習では、日本語力に大きな差があることを実感しました。

その翌日も、新しい語彙の獲得と文章づくりを担当しました。その日の新出の語彙は、料理や食材を取り上げたカタカナのことばで、取り上げた語彙を「~は、~で、~です」「~と~で、~を作ります」「どうして~ですか？　なぜなら~だからです」という話型にはめ込んで文章化していくという学習課題でした。

日本語の能力が高い子にとっては、ブロッコリー、カリフラワー、コッペパン、マッシュルーム、ポテトサラダ、マカロニチーズ、ペパロニピザ、ホットドッグ、スクランブルエッグ、食パンという聞いたことがある語彙を使っての表現のため、文章づくりはスムーズにできたようです。

しかし、日本語力の弱い子にとっては、物とことばのリンクができないだけでなく、その特徴を「~で」でつないでいくことも困難でした。そのため、ホワイトボードに物の絵を書き、表現の話型を紙に書き、語彙カードを並べて文章づくりをしました。このように、話型と語彙の支援によって、ほとんどの子は文章化することができました。

●「社会のお荷物」から「国の資源」へ

アメリカの言語教育は、どの時代も共通してマジョリティ(多数派)グループのための外国語教育であり、移民の継承語教育には、財政援助もなく、学習のための言語政策も打ち出されませんでした。さらに、マイノリティ(少数派)である継承語話者は、学業不振や退学率の高さなどで常に問題視され、「社会のお荷物」という見方をされてきました。

しかしながら、一九八〇(昭和五五)年以降、特に二〇〇一(平成一三)年九月のアメリカ同時多発テロ以降、この継承語が公の注目を浴び、「社会のお荷物」から「国の資源」としてみられるようになりました。

一般的に継承語話者が継承語を学習する場合は、外国語学習者と比べ、専門分野で必要とされる高度な言語力を比較的少ない学習時間で習得することが可能だと言われています。そのため、政治や経済がグローバル化している現在、アメリカにおいて継承語話者に対する関心がより高まりつつあるのです。そして、同時多発テロ以来、そのような関心が一層強くなったようです。継承語を話せる高校生や大学生が注目を浴び、その即戦力が国の言語資源としてみなされているのです。

継承語教育

継承語の教育を担《にな》う機関としてまず挙げられるのが、継承語学校です。形態としては正規の学校の放課後に開かれるプログラム、そして週末におこなわれる学校などがあります。継承語学校は、言語能力の育成と文化的知識の伝授に重要な役割を果たしています。アメリカにおいては、この学校でおこなわれているような継承語教育(JDLプログラムを含む)

を正規の教育システムに取り入れる公立・私立学校が増えてきているようです。

また、アメリカでは英語以外の言語を第一言語としている人は約四七〇〇万人いて、それは総人口の二〇パーセントにのぼります。学齢期全生徒の一五パーセント、七人に一人が英語以外の言語を第一言語としています。そのため、一九七〇(昭和四五)年後半からイマージョン・プログラムが盛んになり、現在では約三〇〇の小学校にプログラムが設けられています。

日本語のイマージョン・プログラムを実践している公立小学校だけでも一一三校あります。

そして、二〇〇一(平成一三)年にブッシュ政権が打ち出した「No Child Left Behind」という政策は、「英語ができない子も、特別支援を要する子も、分けることなくいっしょに学習しよう」という教育政策でした。そこでグレンデール市では、多くの継承語学習者のために、継承語を獲得するための内容中心アプローチにもとづく指導方法であるCBI(Content-Based Instruction)に重点をおいたイマージョン・プログラムを取り入れたのです。

この目的と指導方法の徹底を目指すためには、イマージョン・プログラムの教師は、教科指導に使用するターゲット言語と学習者の母語(その地域で使用されている主要言語)の両言語に熟達している必要があり、人材の確保が課題であるとされています。

日本では

一方、日本では、全ての学習を日本語で学んでいるという現状があります。

その原因としては、①高校受験を突破できるほどの日本語力と学力の習得に限界がある、②日本語でも母語でも理解できるバイリンガルの育成は困難、③高校、大学以降の社会構造が多文化化されていない等の原因が考えられています。つまり、イマージョン・プログラムのような継承語教育は、まだ受け入れられていないと言って過言ではないでしょう。

しかし、日本で生活をしている「外国に関係のある子どもたち」にとって、母語で学ぶということは、日本での学習内容を正しく理解できるということだけではなく、母語を保持することができる可能性があることから、その後の子どもたち自身のアイデンティティの確立や親子のコミュニケーションを円滑にするために重要であると言われています。また、それだけでなく、第二言語としての日本語を学んだり、学校でさまざまな教科学習をするうえでも、母語の保持はとても重要な役割を果たしています。

私が勤務している横浜市では、英語や中国語を第二言語として獲得させたいと願う一部の保護者が、インターナショナル・スクールや中国系の学校に子どもを入学させる事例が増加していると聞きます。また、ボランティアによる継承語学習は日本各地でさまざまな形でおこなわれてはいますが、公教育の中でおこなっている事例は少ないようです。

旧いちょう小学校では、以前「親子の中国語教室」を開催していた時期もありましたが、中国に関係のある児童だけでなく、全ての児童を対象にしていたことや、指導する保護者がボランティアでおこなっていたこともあって、継続が難しく長続きはしませんでした。

けれども、統合前最後の年の二〇一三(平成二五)年度より、旧いちょう小学校に外国語補助指導員としてベトナム語通訳者が常駐したこともあって、週一回、母語保持のための「ベトナム語教室」を始めました。「ベトナム語を聞いてわかる、伝えたいことをベトナム語で話せる、ベトナム語を日本語になおせる」などの目標を設定して、歌やダンスなども取り入れながら楽しく活動しています。

毎年七月頃からは、ベトナムの音楽に合わせた踊りを練習し、一〇月の「いちょう団地まつり」の多文化共生交流会のステージで地域の方々に発表しています。

保護者はもちろん、多くの方々が参観し、参観者の中には「親が教えることができないベトナム語で挨拶をしたり、歌を歌ったりしている姿をみて感動した」「ベトナム人としてがんばっている姿をみることができて幸せだ」「ほかの言語教室も開催してほしい」などの感想をいただいています。

ベトナム語教室を卒業した子どもたちからは、「ふだん話しているベトナム語を書けるようになったし、発音記号を意識して話せるようになった。今は勉強できないけれど、大

7－4　いちょう団地まつり

学で勉強して、将来、両親の通訳をしたい」などの感想がありました。

ベトナム語教室を開設した当時の目標は前述した通りです。母語は子どもたちのアイデンティティと密接な関係があり、その後の人格形成に大きく関わっていると言われています。したがってベトナム語を習得し、ベトナム語による会話を円滑にする第二言語の学習によりよい効果を及ぼす、というねらいだけでなく、何よりもベトナム人としてのアイデンティティを育み、自分の多様性を活かして日本社会の中で活躍できるようになりたいと思えるようになってほしいと願った取り組みであることを再確認しました。

母語を活用した学習プログラムを

日本で生まれ育ち母語を十分に習得していない子どもや、母語を習得した後に就学時期の途中で来日した子どもなど、本校に在籍しているこれら二層の外国に関係のある児童に対しての、母語学習の提供や教科学習の達成を目指した母語によるイマージョン・プログラムの実施については、まだまだ現実的ではありません。

しかし、少子高齢化による人口減少に歯止めをかける政策として、「移民政策の緩和」が検討されていますので、日本各地の学校で外国に関係のある子どもたちの数が本校並みに、いや本校以上になる日もそう遠くはない気がしています。

今後の可能性としては、日本生まれの外国籍児童（ニューカマー児童）が多く在籍することが予想されるので、日本語の補習だけではなく母語を活用した学習のプログラム化が必要になってくると考えられます。特に、来日直後で日本語がわからない児童には、教科学習の達成のために母語イマージョン・プログラムの実現が望まれるところです。

さまざまな言語を選択できる環境

二〇二〇年のオリンピック開催地が東京に決まったさいに、「外国から来日した多くの人々に対し、現在の子どもたちが英語でコミュニケーションをとることができるように、小学校低学年からの英語教育の実現を早期に開始できるようにする」という大臣のコメントが紹介されました。私は、このニュースを聞いた時に、この地域で暮らしている日本語を母語としない外国に関係のある児童への、英語という第三の言語学習が及ぼす影響について懸念を抱きました。

英語教育よりも、外国語学習の扱いを柔軟にし、さまざまな言語を選択して学習できるような教育システムを構築することによって、「私はベトナム語の通訳ができます」「ぼくは中国語の通訳ができます」「ぼくは英語の通訳ができます」というほうが、豊かな国と言えるのではないでしょうか。

つまりは、アメリカ政府のおこなってきた移民政策のように、一人ひとりの特徴や多様性を「国の資源」として肯定的に受け入れるとともに、アイデンティティや自己肯定感を育むことができる継承語教育に力を入れていく必要があると考えています。

コラム
通訳者の役割

ファン・ティ・タン・ジム

私が神奈川県大和市に引越をしてきたのは平成二〇年五月でした。生活が落ち着いた、平成二二年一月頃からボランティア通訳を始めました。そして、横浜市の小・中学校によく派遣されていました。そのうち一番多く派遣されていたのが、旧いちょう小学校でした。

ベトナムにつながる子どもたちが多くいたからです。

　旧いちょう小学校で国際担当として、外国人児童・保護者や通訳ボランティアなどを対応していたのが菊池先生でした。そして、平成二五年に、「非常勤講師として仕事をしないか」と菊池先生から相談されました。幼い頃から先生になりたいという夢を持っていた私は、菊池先生からの話を聞いたときにとてもうれしく思いました。そして、平成二五年四月から旧いちょう小学校で外国語補助指導員として勤務することになりました。


　小学校での主な仕事は、授業の母語支援と電話や翻訳による保護者対応、そして子どもたちを対象とした母語保持教室です。

　最近は十数年前に比べて、ベトナムから来日する子どもたちの数は少なくなりましたが、年に数人は来日しています。日本語が全くわからないので、先生が話していることも理解できずに、授業もわかりません。また、日本の学校での生活や習慣はベトナムと多くの点でちがっているので、子どもたちだけでなく保護者も困ってしまっています。

たとえば、授業参観や懇談会、個人面談や家庭訪問、給食、遠足、校外学習、運動会、修学旅行や宿泊学習、水泳学習、ＰＴＡ、避難訓練などは、ベトナムの学校ではおこなっていません。

私は、来日した子どもたちに学習をベトナム語で通訳する母語を用いた学習支援だけでなく、子どもたちや保護者への生活支援もしています。たとえば、冬に肌着を着ることやハンカチを毎日持参すること、下着やくつ下を履くこと、給食をお箸で食べること、学校におもちゃやお金を持ってきてはいけないこと、日本人にとっては当たり前のことですが、ベトナム人には初めて経験することばかりなので、何度もくわしく説明するようにしています。

また、日本の学校では、保護者が学校と協力しなければならない場面がたくさんあります。しかし、保護者の多くは学校からの手紙を読むことができないので、家庭訪問に行ってもいない、個人面談で待っていても来ない、子どもたちの持ち物がそろわないなど、困ったことがたくさんありました。

現在では、学校での生活の仕方や細かいルールもベトナム語で翻訳されたり、ベトナム語でわかりやすく伝えたりすることによって、少しずつ問題が少なくなってきました。

学校からの配布物は、原則としてベトナム語に翻訳して配布するようにしていますが、菊池先生は一人ひとりの子どもたちの性格や家庭の様子などがわかっていて、「○○さんには、手紙だけでなく電話で説明してね」というように、子どもたちが困らないようにと私に声をかけてくれます。

このように、菊池先生はいつも外国につながる子どもたちや保護者に気を配っていて、全く経験がない私は、菊池先生から多くのことを学びました。菊池先生から教わったことを、今後もいろいろな場面に活かしていきたいと思います。

ベトナム語の母語保持教室は、平成二五年四月から始めました。ベトナム語の母語保持教室に参加している児童は、四・五・六年生の二〇人ぐらいです。

私は、ベトナム語教室を実際にやってみて、子どもたちの多くはベトナム語の読み書きはもちろん、難しいベトナム語を話したり、理解したりすることもできないことが多く、保護者とコミュニケーションを取ることができないということがわかりました。以前は、「ベトナム語を話すのはめんどくさい」「大人になったら日本国籍を取りたい」と話す子どもたちが多く、ベトナムには興味を持っていないと感じられました。

子どもたちがベトナム人として生まれたことに誇りを持てるように、ベトナム語教室をどう運営したらいいのかについては、菊池先生からたくさんのアイディアをいただきました。

そして、五年目を迎え、子どもたちには次の二つのことを願うようになりました。

- ベトナム人として日本でがんばり、活躍してほしい。
- ベトナム語に興味を持ってほしい。

ベトナム語の語彙数を増やしたり、発音や文法を教えたりすることはもちろん、歌や遊び、ダンスなど、子どもたちが楽しめる活動を多く取り入れるようになりました。その結果、少しずつベトナム語に興味を持ち始める子どもたちが増えてきました。

また、毎年一〇月にいちょう団地で開催される「多文化共生交流会」に、ベトナム教室として出演しています。当日は、ベトナム語によるスピーチとアオザイを着てダンスを発表していますが、毎年、カメラを片手に涙を流す保護者を見ていて、私も同じ親として感動しています。

私は、ベトナム人の先輩として、自分の国に興味を持ち、誇りを持てるようになったことをうれしく思い、このような取り組みをつくってくれた菊池先生には、とても感謝しています。

平成二五年度より外国語補助指導員として勤務(平成一五年に技術者として来日)

8
多文化共生を盛り込んだ学習づくり

● スピーチコンテスト

飯田北いちょう小学校では五年生の総合的な学習の時間の中で、日本人移民の方々が、移住先の国々に受け入れられた歴史を学ぶ「移民理解学習」をおこなっていることは6章で紹介しました。六年生では、国語科の単元の一つ「平和のとりでを築く」の発展学習として、ベトナムやラオス、カンボジアから難民として来日した方々や、中国帰国者として来日した方々から、当時、母国で何があって、なぜ国を離れることになったのか、そして日本に来てからの生活の苦労や喜びなどを語ってもらう「難民理解学習」をおこなっています。

その後、自分の親や親戚にインタビューして自分や友達のルーツを調べたり、親の思いや願いを共有したりして、「平和について、自分にできること」という視点で、作文を書いています。

また本校では、毎年、横浜市の「よこはま子ども国際平和プログラム」の一環として開催されている「よこはま子ども国際平和スピーチコンテスト」へ参加し、この移民・難民学習や多文化共生で学び感じたことを次のステップへつなげています。

まず、国際平和スピーチコンテストの校内予選会に向けて、四年生は「友達との関係性や身近なこと」、五年生は「環境や福祉のこと」、そして六年生は「平和について、自分にできること」という視点でスピーチ原稿を書き、各学年の代表者を決めます。

校内予選会での優勝者は学校代表となり、国際平和スピーチコンテスト区大会に出場、最優秀賞は横浜市の市大会に出場し、その最優秀賞が、横浜市からピースメッセンジャーとして任命されて、ニューヨークの国連本部を訪問するのです。そのために本校の実状に合わせたカリキュラムなどを作成しています。

8-1　横浜市のスピーチコンテスト

●子どもたちのスピーチ

旧いちょう小学校と飯田北いちょう小学校に勤務した一五年の間に、四人の児童が最優秀賞を受賞し、市の代表としてニューヨークに飛び立ちました。このうちの三人は外国に関係のある児童だったので、自分の家族が戦争や内戦から避難してきた現実と向き合い、自分事として原稿を書くことができました。

そして二〇一七(平成二九)年度は、初めて日本人児童が学校の代表となり、最終的に市代表としてニューヨークを訪れました。

日本人の彼女のスピーチは、一一歳の時に母国ベトナムから難民として避難してきた方の体験談をもとに書かれています。

以下に、その時のスピーチをはじめ、子どもたちが書いた原稿をいくつか紹介します。

「ぼくは花、わたしは花」

ぼくは花、わたしは花。花は一つ一つ、色も形もにおいも違っていて、そんな花を花束にして集めると、違いが自然で美しくなる。人も違って当たり前、違いがあるから楽しいし、違いを認め、違いを楽しむことが平和への第一歩だと、ベトナム人のTさんが教えてくださいました。しかし、人は違いを受け入れられずに衝突し、争い、やがて戦争を引き起こすのが現実です。見方や考え方が違うと、どちらかに合わせなければ平和な関係を築くことはできないのでしょうか。

Tさんは、わたしと同じ六年生の頃、難民として日本に来たそうです。当時は、今よりも日本に住む外国の方々が少なくて、いじめや差別のようなつらい経験があったことを涙ながらに話してくださいました。わたしは、戦争がきっかけとなって日本に来た外国の方々が、「困っていたんだ」と初めて気がつくことができました。そして、今まで身近にいた外国から来たばかりの友達に対して、何もできなかった自分が申し訳ない気持ちでいっぱいになりました。今年の入学式。日本語がわからなくて泣いていたベトナムから来たばかりの男の子に、わたしの友だちはずっと寄り添っていました。違いを受け止め、不安に寄り添う大切さを実感することができました。

わたしたちの身の回りには、人と違うことがたくさんあり、それが争いの原因になっていることも事実です。わたしは運営委員長として、Tさんに教えていただいた「人は違って当たり前」を胸に刻み、見た目の違い、考え方の違い、国籍や話す言葉の違いなど、全ての違いを受け入れる平和な学校にしていきたいと思います。五月の代表委員会で「あいさつ運動」の話し合いがありました。わたしは、一人一人の違いや個性を大切にできる学校にするために、いろいろな国の言葉で挨拶することを提案しました。

ぼくは花、わたしは花。一人一人の個性が輝くわたしたちの学校では、違うことが原因で起こる争いはあまり見られません。平和な学校、平和な社会をつくるためには、違いを認め、楽しみ、一人一人が輝けることが大切なんだ、ということを、わたしは大きな声で伝えていきたいと思います。

（平成二九年度　六年生　女子児童）

この児童は、自分の周りにいる友達の家族が、戦争をきっかけに来日したということや、日本での生活に困っている現実を初めて知り、今まで何も力になれなかった自分自身を見つめなおし、自分にできることを考え、スピーチに表現しました。

「人は違って当たり前。違いがあるから楽しいし、違いを認め、違いを楽しむことが大切」であると学んだこの児童は、「みんながいろいろな国の挨拶を覚えて、日本に来たばかりの友達に、友達の国のことばで挨拶をすれば、日本語が苦手な友達も安心できる」と考え、児童会長として友達の国のことばで挨拶をすることを提案し実現しました。

このように、一人ひとりが生まれ持った特徴や多様性を受け入れ、尊重しようとする子どもながらの視点は、今後、移民数の増加が予想される日本に必要となってくる重要な方向性を示唆していると言えるでしょう。

「心の会話」

私は、昨年の四月、中国から日本に来ました。日本語が全くわからなかったので、先生や友達と話すことができなかったし、授業についていくこともできませんでした。友達が言っていることがわからず、悪口を言われていると勘違いして、「こんなことなら日本に来なければよかった。中国に帰りたい」と思うこともありました。

みなさん、言葉が通じないということは、相手とコミュニケーションがとれないということでしょうか。みなさんの学校に、日本語がわからない友達が来たら、どうしますか？

日本に来たばかりの頃、勉強で習った「こんにちは」を近所の方に言ってみました。ところが、返事は返ってきませんでした。「発音がおかしかったのかな」と悩んでいると、近くにいたおばあさんが話してくれました。あの方は、以前、日本語がわからないということを理由に、ゴミの出し方を守らなかった中国人ともめたことがあるそうです。

つまり、私も中国人だから、同じように軽蔑したのだろうと……私は、とても悲しくなりました。しかし、おばあさんは、「私はそんなこと思っていないよ。みんな同じ人間。言葉が通じないだけで、人を否定したり軽蔑したりしてはいけないのよ」と言ってくれました。私は、このおばあさんの話を聞いて勇気づけられ、自信を持って、へたな日本語を話すようになりました。もちろん、小学校の先生方や友達は、私を一人の子供として、みんなと平等に接してくれています。たとえ言葉が通じなくても、身振り手振りでも、思いは伝わるものです。だれでも、過去の嫌な出来事や思い出したくない争いごとを持っているはずです。しかし、○○人だから……というだけで、偏見と差別のまなざしで見ることは間違っていると思います。言葉が通じなくても、人間としての心が通じ合えれば、国境など関係なく、誰とでも仲よくなれるはずです。

私は、私を支えてくれたみなさんのお陰で安心して日本語を学び、自分の思いを、このように伝えることができるようになりました。しかし、以前の私のような友達がたくさんいるのも現実です。

私は将来、通訳の仕事に就きたいと思っています。言葉が壁となって、自分の思いを伝えることができない人たちの心と心をつなぐ架け橋になりたいと思っています。そのために、私は今、週に二回、夜の日本語教室に通ったり、中国語の本を読んだりして、日本語でも中国語でも、自分の思いを伝えることができるように勉強しています。

みなさん、言葉が通じなくても、人間としての心が通じ合えれば、必ずコミュニケーションはとれるはずです。大切なのは、心から話したいと思う気持ちなのです。国籍や人種、ものの考え方など、人には様々な違いがありますが、心で会話することが大切なのです。

（平成二一年度　中国に関係のある卒業生）

この児童は、四年生の後半の時に来日しました。「言葉が通じないということは、相手とコミュニケーションがとれないということ」なのかという疑問から、ある出来事を通して「へたな日本語を話すように」なったと書かれています。

一般的に、外国に関係のある児童は、日本語が理解できるようになっても学習中に積極的に手を挙げて日本語で発表したり、日本語だけで友だちと会話することを苦手としている場合が多く見受けられます。初期日本語（サバイバル日本語）の学習（「4章　国際教室ってどんなところ？」を参照）を終了して、日常会話程度の日本語を聞いて理解し、行動や口頭で表現できるようになっても、在籍学級での学習に一足飛びに移行して、自分の日本語力だけで生活をすることは困難です。

しかし、それは日本語を話すという技術的な要因だけが原因ではありません。話す内容が文法的に合っていたとしても、たどたどしい会話力や細かなイントネーションを気にしてしまうことが最大の理由です。

私は、日本語の初期指導をしている児童の在籍学級を訪れ、「○○さんは、○○という日本語をがんばって覚えたから、話しかけてあげてね」と子どもたちに話すことがあります。

少しくらい表現や発音が間違っていても、異国のことばで自分の気持ちを伝えることの難しさや勇気、すばらしさを伝え、共感し、認めることができるように働きかけているのです。話を聞いてくれる側、つまりマジョリティ側の「受け入れ姿勢」こそが重要であり、それは安心して話すことができる環境づくりには欠かすことができない要因です。「国籍や人種、ものの考え方など、人には様々な違いがありますが、心で会話することが大切」であると語りかけているのです。

「本当の平和とは」

みんなが支え合い、安心して暮らす幸せ。みなさんには、支えてくれる人や、助け合える仲間がいますか。私は、困ったときに支えてくれる家族や友達のおかげで、毎日を安心して平和に暮らしています。

父は、ベトナムで一一人兄弟の長男として生まれました。昔、ベトナムで内戦があり、多くの方が難民として国外に逃げたそうです。祖母も、長男の父だけを連れ、船に乗りました。難民として来日し、安心して生活できるようになった父は、ベトナムに残してきた家族を日本に呼びよせました。今では、みんなで支え合い、幸せに暮らしています。

私はこの事実を知ったとき、初めは驚きましたが、何事にもかえられない「本当の平和」というものを実感することができました。現在は、戦争がないとは言っても、人が人を傷つけ、争っている様子がテレビや新聞などで取り上げられ、毎日のように目にしています。戦争がなくても、心が幸せと感じなければ、それは平和とは言えるはずはありません。

国を越え、ことばを越え、安心して生活できること、つまり「心から平和」と感じることこそが、本当の平和だと言えるのです。

私の学校には、いろいろな国の友達が通っています。毎朝、校長先生は、いろいろな国のことばであいさつをしています。父も、日本人にたくさん支えられましたが、来日当初に「シンチャオ」とあいさつされたことが支えとなって、ここまでがんばってこれたと言っていました。だから、私は、私にでもできるあいさつを、運営委員長として、毎朝取り組んでいます。その子の国のことばであいさつをすると、笑顔であいさつをかえしてくれる友達もいます。そんな友達を見ていると、日本で家族を支えている、昔の父を見ている感じがして、心から幸せを感じることができるのです。

私達の身の回りには、人の支えを必要としている人はたくさんいるはずです。私は、話すことばや国がちがっても、困っている人を見かけたら、進んで声をかけることができる学校にしていきたいと思います。

つらい事があっても支えてくれる人がいる、声をかけられてがんばろうと思える人がたくさんいる。自分を必要としてくれる人は必ずいて、みなさんも誰かに支えられて生きているのです。私は、人が人を思い、支え合い、心から幸せと感じることができる学校をつくり、世界中に「本当の平和」について、発信していきたいと思います。

（平成二六年度　ベトナムに関係のある卒業生）

この児童の家庭では、比較的早い時期に、日本で生活をすることになったきっかけや、日本に来てからのつらい経験や幸せな体験などについて、親子の間で語り合ってきたようです。二人の子どもたちは、そんな親に感謝の気持ちを込めてベトナム語を学習し、両親とは流暢《りゅうちょう》なベトナム語で会話をしています。

子どもたちの成長には、悩みや喜びを共有できる家族や友達の存在がとても重要です。継承語教育の大切さについて、あらためて考えさせられました。

「国際平和のために自分ができること」

私が住む地域には、いろいろな国につながっている友達がたくさんいます。ここは日本なのに、どうしていろいろな国の人が住んでいるのか、私はずっと前から疑問に思っていました。なぜなら、私もそのうちの一人だからです。

私は、日本で生まれました。だから私自身、自分のことを日本人だと信じて疑いませんでした。あるとき、父から、

「お父さんとお母さんはベトナム人だから、君もベトナム人なんだよ」と、聞きました。話してもらったころは幼かったので、そんなに気にしていませんでした。ただ、年齢があがってくるにつれて、日本語で話す私と、ベトナム語で話す両親とのコミュニケーションがとりにくくなり、伝えたいことがうまく伝わらなくて、もどかしくて、腹が立って、でも伝えたくて……。そんな日々の中で、自分や家族が日本にいるわけを、以前より深く知りたいと思うようになってきました。

先日、学校で支援者の方から話を聞きました。その方は、私と同じベトナム人です。一五歳のときに、日本に来たとのことでした。その話を聞いて、私も家に帰って聞いてみたら、両親も戦争の関係で日本に逃げてきたのだと話してくれました。それで、私はやっと、私たちベトナム人がどうして日本に住んでいるのかがわかり、ほっとしたような、すっきりしたような気持ちになりました。

私は将来、日本で暮らしたいと思っています。なぜなら、日本での生活に夢や希望がたくさんあるからです。そして、今、私は、ベトナム人として日本に住むのか、日本人として日本に住むのか、どちらが自分の生き方に合っているのかを考えています。だから、ゆっくり時間をかけて、これから考えていけばいいと思っています。

私たちには未来があります。大切なのは、「日本人だから」とか、「ベトナム人だから」ということではなく、未来に向かって夢を持ってがんばることだと思うのです。そして、そのがんばりを同じ人間どうしで応援したり、認め合ったりすることが、お互いを理解することになり、やがて国際平和につながっていくのだと私は考えています。

（平成二二年度 ベトナムに関係のある卒業生 Aさん）

旧いちょう小学校時代からの取り組みである、多文化共生を盛り込んだ授業には、「多くの児童が、互いの違いを認め合い、共に仲良く生活している場には、それを意図したすばらしい取り組みがおこなわれている」という賛同の声もある一方、「自分のルーツとか友達のルーツのような、人権との関わりが大きい内容は、小学生にはまだ早いだろう」というように、批判的な声をいただくこともあります。

このAさんのように、外国に関係のある児童の割合が少なくなる中学生になる前の小学生高学年時に、もやもやしていた自分の悩みが解消して、その結果、受験という最初の関門を突破することに成功した例も多いようです。

先日、久しぶりにAさんに再会しました。多くの子どもたちが、自分に自信を持つことができずに、日本語の通称名を使用する傾向がある中、Aさんは中学、高校、そして就職しても、ベトナム語の名前を貫いたと自慢してきました。六年生でのあの学習で、戦争から避難してきた難民の話や、自分の名前に込められた「平和」という意味についての話を親から聞いたことが、今の自分を支えていると言います。

このような学習を通じて、本人、そして周りの児童の内面的成長を期待してはいましたが、学習を終えて八年後、今年二〇歳になるAさんから聞いたこの話は、私自身の実践を最大限に評価する価値のある話でした。

そのほかにも、各学年がさまざまな教科学習の中で、「多文化共生を盛り込んだ学習」

を実践しています。先に述べた五年生の移民理解学習や、六年生の難民理解学習のような、日本人と外国に関係のある方々が互いに住みやすい環境をつくるための学習は「共生学習」とし、一年生が生活科でおこなう「いろいろな国の正月遊び」や、二年生の国語科でおこなう「いろいろな国のお話紹介」、三年生の国語科で学ぶ単元「すがたをかえる大豆」の発展でおこなった「世界の大豆料理」、四年生の国語科単元「手と心で読む」の発展でおこなった「世界の点字・手話調べ」、五年生の総合的な学習の時間で取り組んだ稲作のまとめとしておこなった「世界の米料理」、六年生の家庭科「朝食づくり」で取り組んだ「中国とベトナムの朝食づくり体験」などの学習は、「異文化理解学習」として、多文化共生を盛り込んだ学習を意図的に展開しています。

それぞれの取り組みを計画するさいには、国際教室担当者が積極的に関わり、保護者や外部支援者などと協働して進めています。

9
めざせ！
多文化教員

●急速に進む人口減少

ある記事に「日本は世界が経験したことのない割合で、二〇〇八年をピークに年々少子高齢化が進行し、五〇年後には人口が八〇〇〇万人余りに、さらに一〇〇年後には五〇〇〇万人を下回る可能性が予測されている」と書かれていました。

二〇四〇年代には、毎年一〇〇万人以上の人口が減少するとも予測されているそうで、たとえれば、一年ごとに仙台市や北九州市のような大都市分の人口が消滅していくということになります。

このように、かつて想像もできなかったような人口減少が及ぼす影響は大きいでしょう。年金額の減少や医療費負担の増大、学校・警察・病院・消防署などの職員不足、米や野菜農家の減少による食糧不足ばかりでなく、スーパーやデパートの減少、バスや電車・新幹線等の本数の減少……、つまり大都市からも人が消えていくような現象が目の前に迫ってきているということになります。

そのような中で、「一億総活躍国民会議」では、「五〇年後の人口も、現在と同じ程度の一億人を維持するために、移民受け入れ政策の緩和を検討し始めた」とある記事で読みました。

つまり、これから数十年、数百年の間に、数千万人の移民が来日することも予想されることになります。そうなると本書で紹介した飯田北いちょう小学校がある地域だけでなく、全国のいたるところで、外国に関係のある方々が当たり前に集住する時代が迫ってきているると言えるのです。

●支援の転換を

二〇一六（平成二八）年三月の教育再生実行会議では、日本で暮らす外国の方々の増加にともない、日本語の指導が必要な子どもたちが増加する傾向にあるとし、子どもたちの「「多様な個性が長所として肯定され活かされる教育」への転換」についても話し合われています。

文部科学省によると、日本の公立小学校、中学校、高等学校、義務教育学校、中等教育学校および特別支援学校における日本語指導が必要な児童生徒の受け入れ状況に関する調査として、日本語指導が必要な外国籍および外国につながる児童生徒は全国で四万三九四七人で、前回調査より七〇〇〇人程度が増加しました（二〇一六年五月一日現在）。飯田北いちょう小学校がある神奈川県は、五一四九人と、愛知県に次いで全国で二番目に多く、日本語指導の必要な児童生徒が集住しています。

今までは、このような子どもに対する教育というと、「日本語指導」という視点が多く語られてきましたが、教育再生実行会議では、子どもたちの「「多様な個性が長所として肯定され活かされる教育」への転換」、つまり子どもたちが生まれ持った特徴や多様性を認め、民族的少数者の文化的多様性や学習スタイルの多様性を尊重し、さまざまな言語文化を学習カリキュラムに取り入れるなどした「多文化教育」の必要性が裏付けられたということになります。

前述してきたように、今まではどちらかというと、日本での生活をより豊かにできるようにという方向性の支援が主流で、日本語を学び、日本文化への適応を求めすぎていたのではないでしょうか。

本校においても、就学途中で来日した児童は、母国での学習の経験や知識を日本での学習に活かすことは、ある一定程度の日本語を獲得するまでは難しい現状にあります。

日本で生活をするうえでの最低限必要な日本語は必須としても、その子自身が生まれ持っている特徴や多様性である母語力、母国での学習知識などを日本の学習に活かすためには支援（「継承語教育」「イマージョン教育」「母語学習」「母語を用いた学習支援」など）が必要です。そして、それらを意図的・計画的に実践できる多文化教育への転換こそがグローバルに活躍できる人材を育てる一歩となるのではないでしょうか。

近い将来、確実にグローバル化される我が国の大切な多文化人材として、外国に関係のある方々を受け入れ、支援することが、先に述べたアメリカの目指す「国の資源」として活用していこうとする方向性なのだろうと思います。

●シンガポールでは

新聞によると、東京都と同じくらいの面積しかない東南アジアの経済大国であるシンガポールでは、日本をしのぐペースで少子高齢化が進み、外国人労働者が約一三五万人と、人口の四分の一を占めるまでになったそうです（「朝日新聞」二〇一四年一二月二四日）。

シンガポールでは、外国人増加によって自国民の雇用が脅《おびや》かされるようになり、大きな社会問題になっているということでした。その対策としてシンガポール政府は、外国人を雇用する前に自国民向けに二週間の求人を出すことを義務付けましたが、外国人労働者とのトラブルも増えるのではないかという懸念もあると心配されています。

また、一般世論には「自国民と等しい条件で雇えば問題は起きない」との指摘もあります。アジア・太平洋人権情報センターでは、「国籍、民族的出身を問わず、すべての人の機会均等を保障し、実績をあげた人が評価され、社会的地位を得ることができる開放社会を作る必要がある。それとともに、多様な価値観と文化が尊重される社会、いわゆる多文化共生社会を築かなければならない」(『国際人権ひろば』二〇〇四年一一月)としています。

まだ大きな壁が

少しでも早く日本での生活に慣れ親しむことができるように、という視点からの支援は、言ってみれば「あなたを日本人として受け入れますよ」と言っているようなものです。それは、多文化共生社会の実現のためには、もしかしたら真逆(正反対)の支援とも受け取れるものかもしれません。

「「多様な個性が長所として肯定され活かされる教育」への転換」を実現するために、私たち教員の果たすべき役割は大きいと言えます。そのため、私たち学校教員は、さまざまなものの見方や価値観を認め、一人ひとりの特徴や多様性を活かす教育の実践者であり、多文化に精通する教員、つまり「多文化教員」である必要があるのです。

このシンガポールに関する記事を読んだ日、とある市の研修に招かれ、外国に関係のある方々、特に難民の受け入れ状況とその支援方法、学校現場における外国に関係のある児童生徒の支援の現状、そしてシンガポールの事例の紹介、開放社会と多文化共生社会の必要性について話してきました。

しかし、その後の質疑応答の中で、「貴校の取り組みの工夫や大切さについては、十分理解できた。しかし、現在の日本の社会構造上、ベトナム語ができるからといって進学できたり、就労に有利となる事例は少ない。それならば、現実に合わせて日本で生きていくための日本語を日本語でしっかり教えるべきだ」という声を聞きました。

政策や社会の仕組みを検討・調整できるはずの行政機関の職員から、このような発言を聞かされたことは、正直驚きました。

イギリスがEU(欧州連合)を離脱したというニュースと同じように、陸続きの国境がない日本においても、多文化共生社会への転換については、大きな壁が実在していることをあらためて痛感しました。

日本語保持の取り組みを参考に

また、「具体的に何をどのように?」というような疑問の声も聞こえてきます。

一見すると難しいように思えることかもしれませんが、日本の「母語(この場合は日本語)」に対する考え方や取り組みに目を向けてみると、その解決策をうかがうことができ

9-1 めざせ、多文化教員

るのです。

たとえば、企業等の転勤、海外派遣等によって乳幼児や小学生と共に海外で生活する家族向けに、公益財団法人「海外子女教育振興財団」が作成した「母語の大切さをご存知ですか?——海外での日本語の保持と発達」という冊子があります。

その冊子には、

①母語の順当な発達は、健全な人格形成の基礎です

②日本語を守り育てる方法について知っておきましょう

③「学習言語」についても知っておきましょう

とまとめられ、母語とは子どもが生まれて初めて出会い、人間形成の基盤となる「ことば」であるとし、しっかりとした日本語を身につけさせてあげる必要性を述べています。

ただし、ここでは、将来「日本に生活の場を置いて生きていく」ことが前提となっています。前述したように、多くの外国に関係のある方々が集住し、さまざまな文化を持つ子どもたちが共存する近い将来の現状を考えると、そう言い切ることができない、つまり、

母語の保持は日本人の子どもに対する日本語教育だけの問題ではないと考えています。

日本で生活している外国に関係のある子どもたちにとっても、継承語である母語はとても大切であり、その子どもたちを日本で受け入れた以上は、海外で生活をする日本人と同じように彼らの母語を保障していく必要があると思います。そして、そのような支援に取り組み続けることで、日本が移民大国としての仲間入りを果たし、一人ひとりの人権を大切に考える多文化共生社会が実現するのだと信じています。

今後の日本の教育は、「日本人」であることを前提とした教育だけではなく、民族的少数者の文化的多様性や学習スタイルの多様性を尊重し、さまざまな言語文化を学習カリキュラムに取り入れるなどした「多文化教育」の構築を目指さなければならないという概念を、一五年間勤務してきた中で、あらためて強く感じるようになったのです。

10
新しい社会は，目の前に

● 多様性の時代へ

二〇一七（平成二九）年にアメリカでおこなわれたゴールデン・グローブ賞の授賞式で、ある女優が移民排斥を唱える大統領に対して「ハリウッドはよそ者や外国人であふれ、追い出せばアメリカン・フットボールと総合格闘技以外にみるものはなくなる」と述べたことが話題となりました。

アメリカは、一八八〇（明治一三）年代以降、移民を徐々に受け入れるようになり、現在は年間六七万五〇〇〇人の枠を設け、移民受け入れをおこなっている移民大国です。移民第一世代は移民先の国ではマイノリティでしたが、二世代、三世代になると移民人口が増加し、どんどんその人口を拡大させています。

現在は、メキシコなどからやって来たヒスパニック系の移民人口が急増しており、二〇五〇年には、「アメリカは非白人の国になる」とも言われています。

二〇一七(平成二九)年にロンドンでおこなわれた世界陸上の男女四〇〇メートルリレー。優勝した後のウイニングランの場面では、非白人系のアメリカの男女代表が星条旗を掲げ、スタンドでは自国を応援するためにはるばるロンドンに来た白人系のアメリカ人が映し出されていました。アメリカでは長い歴史と時間をかけて移民文化が浸透して新しい文化が創り出され、多様性のあることが当たり前になっている、そんなことがうかがえた場面でした。

一方、日本国内を見渡すとどうでしょうか。国技である大相撲でテレビの画面に映し出されたのは、モンゴル出身の横綱同士の優勝決定戦でした。翌日の新聞では、外国出身の横綱の優勝を称《たた》える記事よりも、日本人大関の横綱待望論の記事のほうが大きく取り上げられていました。

日本には陸続きの国境線がないことが影響してか、日本独自の文化が形成されてきた歴史があります。しかし、長い年月の間に、約二四〇万人の外国人が日本に移り住み、そして外国から多くの観光客が来日する時代となりました。

9章の冒頭で述べたように、今後、日本は世界が経験したことのない速度で少子高齢化が進行します。仮に日本が二〇万人の移民を毎年受け入れたとしたら、一〇年で二〇〇万人となり、三〇年後には日本人の出生率を大きく上回って人口が増加する可能性も考えられています。

それればかりでなく、日本人と外国の方との国際結婚も一般的になり、第二世代以降の人種構成も大きく変化して、アメリカと同じように新しい日本文化が創られ、多様性のある社会が当たり前の時代になるだろうとも考えられます。たとえるなら、中国系移民が和室のある家に住み、インド系移民が柔道や茶道や古典芸能で活躍するようになった時、日本が伝統的に持っていた文化や価値観は大きく違うエッセンスが加わり、発展するかもしれません。現在、アスリートとして活躍するダルビッシュ有選手（野球）、ケンブリッジ飛鳥《あすか》選手（陸上）、大坂なおみ選手（テニス）などのように、国際結婚によって生まれた二世、三世世代が、日本を多文化国家として導く時代が目の前に迫っているのです。

あとがき

教諭として、初めて故郷である仙台の小学校に赴任した約三〇年前……。クラスの半分に、海外から帰国した日本人児童（以前の「帰国子女」）や留学生のお子さんが在籍していました。休み時間はさまざまな言語が飛び交い、互いの文化を交流し合う場面が学校の授業だけでなく、保護者会や地域行事の中でも当たり前のようにありました。

それから数年後……。在外教育施設派遣教員として香港日本人学校に勤務しました。同行した妻と一歳の息子は、初めのうちは楽しそうに生活をしていましたが、次第に昼間の外出を避け、電話にも出なくなり、郵便ポストも確認しないようになりました。まるで怒っているかのように聞こえる広東語《カントン》特有の話し方に、知らないうちにストレスを感じるようになったようです。

そんな時、親身に心配し、優しく声をかけてくれたのは、近くに住んでいる香港の方々でした。自分の国に来た外国人である私たちに対して安心して暮らせるようにと、たどたどしい日本語で優しく語りかけてくれたことで、私たちは「受け入れてもらえた。認めてもらえた」と感じることができました。

私は宮城県仙台市で生まれました。一般的に味が濃く、塩辛いと言われる東北の味付けに慣れ親しんだ私にとって、関東出身の妻がつくる料理は、「少し薄味かな」と感じることが時折ありました。しかし、食卓に出てきた料理に調味料を加えて私好みの味付けにしたり、無理に食したりすることはなく、妻のほうから東北の味付けにしてくれたり、スーパーで東北の食材を買ってきて調理をしてくれたりしました。関東の味付けを押しつけられることがなかったので、少しずつ時間をかけて無理なく自然に慣れていくことができ、今ではすっかり薄味を好むようになり、関東での生活を満喫しています。

いちょう小学校、そして昨年まで勤務していた飯田北いちょう小学校には、県内外の教育関係者や自治体、高校生や大学生、メディアなど、多くの視察者が訪問していました。視察者の多くは、「外国に関係のある児童が多いからできる取り組み……」と口々に感想を述べていました。

一方、私は視察に来た大学生に「国際理解教育と多文化共生の違いは？」と必ず質問してきました。その回答の多くは「国際理解はほかの国を知る、多文化共生はほかの国の方々と共に生きる」といったようなものでした。

私は、自分の身近な体験を例に挙げ、「〇〇デパートで、〇〇物産展があるから行ってみよう」「とてもおいしかったね。〇〇に今度行ってみたいね」というように、行ったことがない土地や国の文化を体験し、すばらしさを認め合うことが国際理解だとすれば、目の前にいる人の母国や話すことばなどはあまり関係なく、互いを尊重し、理解し合える人間関係づくりこそが多文化共生だと説明しています。そして、海外での貴重な実体験や我が家の食卓の例のように、マジョリティ側がマイノリティの相手を尊重して親身になって寄り添うことが始まりなんだ、と伝えてきました。

「多様性の時代」と称される現在では、「一方的に支援する」という方向性だけではなく、「相手の特徴や多様性を引き出し、新しい資源として活用していくこと」が求められています。本書の中のアメリカやブラジルの例のように、異なった言語や文化を保有する人々が、互いに尊重し合い、信頼関係を構築して共に生活することが、多文化共生社会のキーワードとなってくると思っています。

本書を書き終えた九月に、全米オープンテニスで大坂なおみさんが、男女を通じて日本人初の快挙を達成しました。テレビでも連日取り上げられ、多くの人々がその快進撃を喜ぶ中で、「日本」や「日本人」が多用されることについての記事が新聞で紹介されました。「正直、日本人初で優勝するなら、本当の日本人の方が……」「100%日本人」ということばも交え、手放しでは喜べない思いをある男性が語るのを聞いたという内容が書かれていました。

けれども本書の中にもあるように、「日本人」の多様性がすでに現実になっている昨今、

11－1　民族衣装のコーナーで

大坂なおみさんをはじめ、沖縄県知事となった玉城《たまき》デニーさんのように、複数言語文化にルーツがある方々が目立ってきたことで、人々が思う「日本人像」が曖昧《あいまい》になってきたことは、良い方向に向かっていることだと感じています。

今年、一五年間勤めた飯田北いちょう小学校（うち一一年間は、統合前のいちょう小学校）から横浜駅に近い保土ケ谷区にある小学校に転勤しました。全校児童四八二名中三一名（約六・四パーセント）が外国に関係のある児童です。外国に関係のある児童が少ないことから、外国に関係している子どもたちが目立たない、外国に関係していることが認識されていない傾向にも感じられます。

前任校のような、外国に関係のある児童が多く在籍しているからこそできる取り組みはできないものの、少ないからできる取り組み、少ないからこそやらなければならない取り組みを実践して、外国に関係のある子どもたちが自分のルーツや背景に自信を持って安心して生活し、周りの子どもたちも外国に関係のある子どもたちを認め、本来持っている特徴や多様性を活かし、引き出し、活用し、豊かに安心して生活できる学校環境づくりは欠かすことができないと考えています。
そして、現在、中国の小学校との姉妹校締結に向けて準備をしています。みえなかった、自信を持つことができなかった中国に関係のある子どもたちに陽が当たり、自信を持って生活ができるようになってほしいと願っています。

二〇一八年九月

菊池　聡

菊池 聡
神奈川県横浜市立仏向小学校教諭．2001〜2003 年に香港日本人学校大埔校に勤務．帰国後，2004 年より横浜市立いちょう小学校で国際教室を担当し，2014 年，横浜市立飯田北いちょう小学校として統合後，国際教室担当として 2018 年 3 月まで勤務．学校という組織の枠を越え，幼稚園・保育園から中学・高等学校との連携，地域ボランティア団体などとの協働を進め，多文化共生と，日本語教育を含めた子どもたちの教育という視点から多文化共生の地域づくりに取り組む．

〈超・多国籍学校〉は今日もにぎやか！
──多文化共生って何だろう　　岩波ジュニア新書 886

2018 年 11 月 20 日　第 1 刷発行

著　者　菊《きく》池《ち》 聡《さとし》

発行者　岡本 厚

発行所　株式会社 岩波書店
〒101-8002 東京都千代田区一ツ橋 2-5-5
案内 03-5210-4000　営業部 03-5210-4111
ジュニア新書編集部 03-5210-4065
http://www.iwanami.co.jp/

印刷・精興社　製本・中永製本

ISBN 978-4-00-500886-5　　Printed in Japan

岩波ジュニア新書の発足に際して

きみたち若い世代は人生の出発点に立っています。きみたちの未来は大きな可能性に満ち、陽春の日のようにひかり輝いています。勉学に体力づくりに、明るくはつらつとした日々を送っていることでしょう。

しかしながら、現代の社会は、また、さまざまな矛盾をはらんでいます。営々として築かれた人類の歴史のなかで、幾千億の先達《せんだつ》たちの英知と努力によって、未知が究明され、人類の進歩がもたらされ、大きく文化として蓄積されてきました。にもかかわらず現代は、核戦争による人類絶滅の危機、貧富の差をはじめとするさまざまな人間的不平等、社会と科学の発展が一方においてもたらした環境の破壊、エネルギーや食糧問題の不安等々、来るべき二十一世紀を前にして、解決を迫られているたくさんの大きな課題がひしめいています。現実の世界はきわめて厳しく、人類の平和と発展のためには、きみたちの新しい英知と真摯《しんし》な努力が切実に必要とされています。

きみたちの前途には、こうした人類の明日の運命が託されています。ですから、たとえば現在の学校で生じているささいな「学力」の差、あるいは家庭環境などによる条件の違いにとらわれて、自分の将来を見限ったりはしないでほしいと思います。個々人の能力とか才能は、いつどこで開花するか計り知れないものがありますし、努力と鍛練の積み重ねの上にこそ切り開かれるものですから、簡単に可能性を放棄したり、容易に「現実」と妥協したりすることのないようにと願っています。

わたしたちは、これから人生を歩むきみたちが、生きることのほんとうの意味を問い、大きく明日をひらくことを心から期待して、ここに新たに岩波ジュニア新書を創刊します。現実に立ち向かうために必要とする知性、豊かな感性と想像力を、きみたちが自らのなかに育てるのに役立ててもらえるよう、すぐれた執筆者による適切な話題を、豊富な写真や挿絵とともに書き下ろしで提供します。若い世代の良き話し相手として、このシリーズを注目してください。わたしたちもまた、きみたちの明日に刮目《かつもく》しています。（一九七九年六月）

840 徳川家が見た戦争　徳川宗英著
二六〇年余の泰平をもたらした徳川時代、将軍家を支えた田安徳川家の第十一代当主が語る現代の平和論。二度と戦争を起こさないためには何が必要なのか。

841 研究するって面白い！　—科学者になった11人の物語—　伊藤由佳理編著
理系の専門分野で活躍する女性科学者11人による研究案内。研究内容やその魅力を伝えると共に、どのように進路を決め、今があるのかについても語ります。

842 紛争・対立・暴力　—世界の地域から考える—　〈知の航海〉シリーズ　西崎文子・武内進一編著
なぜ世界でテロや暴力が蔓延するのか。欧州の移民問題や中東のISなど、宗教、人種・民族、貧困と格差が複雑に絡み合う現代社会の課題を解説。

843 期待はずれのドラフト1位　—逆境からのそれぞれのリベンジ—　元永知宏著
プロ野球選手として思い通りの成績を残せなくてもそこで人生が終わるわけではない。新たな挑戦を続ける元ドラフト1位選手たちの軌跡を追う！

844 上手な脳の使いかた　岩田誠著
経験を積むことの重要性、失敗や叱られることの意味、失われた能力を取り戻すしくみ——脳のはたらきを知れば、使い方も見えてくる！　本当の「学び」とは何か？

845 方言萌え!?　—ヴァーチャル方言を読み解く—　田中ゆかり著
キブンを表すのに最適なヴァーチャル方言は、リアル方言にも影響を与えている。その関係から、日本語や日本社会の新たな断面が見えてくる。

846 女も男も生きやすい国、スウェーデン　三瓶恵子著
男女平等政策を日々更新中のスウェーデン。その取り組みを具体的に紹介する。そこには日本の目指すべき未来がある。

847 王様でたどるイギリス史　池上俊一著
「紅茶を飲む英国紳士」はなぜ生まれた？「料理がマズイ」は戦略？　個性的な王様たちのもとで醸成された文化と気質を深〜く掘り下げ、イギリスの素顔に迫る！

岩波ジュニア新書

848 財政から読みとく日本社会 ―君たちの未来のために― 井手英策著

日本の財政のなりたちをわかりやすく解説し、新しい社会への選択肢を考えます。誰もが安心してくらせる社会をつくるためにできることは？

849 正しいコピペのすすめ ―模倣、創造、著作権と私たち― 宮武久佳著

デジタル機器やネットの普及でコピーが日常行為になった今、知っておくべきルールとは？ 論文やレポートにも役立つ著作権の入門書。

850 聖徳太子 ―ほんとうの姿を求めて― 東野治之著

仏像に残された銘文や、自筆とされるお経の注釈書など、さまざまな手がかりを読み解き、太子の謎の実像に迫ります。調べて考える歴史学って面白い！

851 日本一小さな農業高校の学校づくり ―愛農高校、校舎たてかえ顛末記 品田茂著

自主自立を学び、互いを尊重しあえる人を育む教育で知られる愛農高校のユニークな校舎づくり。みんなで力を合わせてつくった自分たちの学びの場とは？

852 東大留学生ディオンが見たニッポン ディオン・ン・ジエ・ティン著

大好きな国・ニッポンに留学したディオンの見聞録。東大での日々で同世代や社会に感じた異論・戸惑い・共感を率直に語る。国際化にむけても示唆に富む一冊。

853 中学生になったら 宮下聡著

勉強や進路、友達との関係に悩む中学生の日常に寄り添って、充実した三年間を送る方法をアドバイス。自ら考え判断し、行動する力を身につけたい生徒に最適。

854 質問する、問い返す ―主体的に学ぶということ― 名古谷隆彦著

「主体的に学ぶ」とは何か、「考える」とはどういうことなのか。多くの学校現場の取材をもとに主体的に学ぶことの意味を探る。

855 読みたい心に火をつけろ！ ―学校図書館大活用術― 木下通子著

学校図書館には、多様な注文をもった生徒たちがやってくる。学校司書として生徒の「読みたい」「知りたい」に応える様子を紹介。本を読む楽しさや意義も伝える。

856 敗北を力に！ 甲子園の敗者たち　元永知宏 著

甲子園での敗北は、選手のその後の人生にどんな影響を与えたのか？ 激闘を演じ、最後に敗れた甲子園球児の「その後」を追う。

857 世界に通じるマナーとコミュニケーション ―つながる心、英語は翼―　横手尚子・横山カズ 著

マナーの基本5原則、敬語の使い方、気持ちを伝える英語など、国際化時代に必要な、実践で役立つマナーの基本を紹介します。

858 漱石先生の手紙が教えてくれたこと　小山慶太 著

漱石の書き残した手紙は、小説とは違った感慨を読む者に与える。綴られる励まし、ユーモアは、今を生きる人にもエールとなるだろう。

859 マンボウのひみつ　澤井悦郎 著

光る、すぐ死ぬ、人を助けた、3億個産卵……数々の噂は本当か？ 捨身の若きハカセによって、怪魚の正体が、いま明らかに――。 [カラー頁多数]

860 自分のことがわかる本 ―ポジティブ・アプローチで描く未来―　安部博枝 著

「自分の強み」を見つける自分発見シートや「なりたい自分」に近づくプランシートなど実践的なワークを通して未来を描く自己発見マニュアル。

861 農学が世界を救う！ ―食料・生命・環境をめぐる科学の挑戦―　生源寺眞一・太田寛行・安田弘法 編著

くらしを豊かにし、自然環境を保全し、生き物たちの役に立つ――。地球全体から顕微鏡で見る世界まで、農学には可能性と夢がある！

862 私、日本に住んでいます　スベンドリニ・カクチ 著

日本に住む様々な外国人を紹介します。彼らはなぜ日本に住み、どんな生活をしているのでしょう？ 多文化共生のあり方を考えるヒント。

863 短歌は最強アイテム ―高校生活の悩みに効きます―　千葉聡 著

熱血教師で歌人の著者が、現代短歌を通じて学校生活の様子や揺れ動く生徒たちの心模様を描く青春短歌エッセイ。短歌を通じて、高校生にエールを送る。

864 榎本武揚と明治維新
—旧幕臣の描いた近代化
黒瀧秀久
幕末・明治の激動期に「蝦夷共和国」を夢見て戦い、その後、日本の近代化に大きな役割を果たした榎本の波乱に満ちた生涯。

865 はじめての研究レポート作成術
沼崎一郎
図書館とインターネットから入手できる資料を用いた研究レポート作成術を、初心者にもわかるように丁寧に解説。

866 その情報、本当ですか？
—ネット時代のニュースの読み解き方
塚田祐之
ネットやテレビの膨大な情報から「真実」を読み取るにはどうすればよいのか。若い世代のための情報リテラシー入門。

867 〈知の航海〉シリーズ
ロボットが家にやってきたら…
—人間とAIの未来
遠藤　薫
身近になったお掃除ロボット、ドローン、AI家電…。ロボットは私たちの生活をどう変えるのだろうか。

868 司法の現場で働きたい！
—弁護士・裁判官・検察官
打越さく良
佐藤倫子 編
13人の法律家(弁護士・裁判官・検察官)たちが、今の職業をめざした理由、仕事の面白さや意義を語った一冊。

869 生物学の基礎はことわざにあり
—カエルの子はカエル？　トンビがタカを生む？
杉本正信
動物の生態や人の健康、遺伝や進化、そして生物多様性まで、ことわざや成句を入り口に生物学を楽しく学ぼう！

870 覚えておきたい 基本英会話フレーズ130
小池直己
基本単語を連ねたイディオムや慣用的フレーズを厳選して解説。ロングセラー『英会話の基本表現100話』の改訂版。

871 リベラルアーツの学び ―理系的思考のすすめ
芳沢光雄
分野の垣根を越えて幅広い知識を身につけるリベラルアーツ。様々な視点から考える力を育む教育の意義を語る。

872 世界の海へ、シャチを追え！
水口博也
深い家族愛で結ばれた海の王者の、意外な素顔。写真家の著者が、臨場感あふれる美しい文章でつづる。〔カラー口絵16頁〕

873 台湾の若者を知りたい
水野俊平
若者たちの学校生活、受験戦争、兵役、就活……、3年以上にわたる現地取材を重ねて知った意外な日常生活。

874 男女平等はどこまで進んだか ―女性差別撤廃条約から考える
山下泰子・矢澤澄子監修／国際女性の地位協会 編
女性差別撤廃条約の理念と内容を、身近なテーマを入り口に優しく解説。同時に日本の課題を明らかにします。

875 〈知の航海〉シリーズ 知の古典は誘惑する
小島毅 編著
長く読み継がれてきた古今東西の作品を紹介。古典は今を生きる私たちに何を語りかけてくれるでしょうか？

877・876
数学を嫌いにならないで
基本のおさらい篇
文章題にいどむ篇
ダニカ・マッケラー
菅野仁子 訳

数学が嫌い？ あきらめるのはまだ早い。この本を読めばバラ色の人生が開けるかもしれません。アメリカの人気女優ダニカ先生が教えるとっておきの勉強法。苦手なところを全部きれいに片付けてしまいましょう。いつのまにか数学が得意になります！

878
10代に語る平成史
後藤謙次

消費税の導入、バブル経済の終焉、テロとの戦い…、激動の30年をベテラン政治ジャーナリストがわかりやすく解説します。

879
アンネ・フランクに会いに行く
谷口長世

ナチ収容所で短い生涯を終えたアンネ・フランク。アンネが生き抜いた時代を巡る旅を通して平和の意味を考えます。

880
核兵器はなくせる
川崎 哲

ノーベル平和賞を受賞したICANの中心にいて、核兵器廃絶に奔走する著者が、核の現状や今後について熱く語る。

881
不登校でも大丈夫
末富 晶

「学校に行かない人生＝不幸」ではなく、「幸福な人生につながる必要な時間だった」と自らの経験をふまえ語りかける。